여전히 서툰 유치원 교사입니다만

여전히 서툰 유치원 교사입니다만

초판 1쇄 2022년 02월 24일
초판 4쇄 2024년 05월 09일
지은이 김나희 | **펴낸이** 송영화 | **펴낸곳** 굿위즈덤 | **총괄** 임종익
등록 제 2020-000123호 | **주소** 서울시 마포구 양화로 133 서교타워 711호
전화 02) 322-7803 | **팩스** 02) 6007-1845 | **이메일** gwbooks@hanmail.net

© 김나희, 굿위즈덤 2021, *Printed in Korea*.

ISBN 979-11-92259-03-1 03190 | 값 15,000원

여전히 서툰
유치원
교사입니다만

번아웃 교사
초보 교사를
위한 희망의
동기부여

김나희 지음

굿위즈덤

프롤로그

서툰 유치원 교사에서 벗어나
당당한 교사의 삶을 살아가다!

유치원은 항상 치열하다. 2월 신학기를 준비하면서부터 모든 것이 새롭게 시작된다. 신입생 오리엔테이션을 시작으로 입학식과 매달 새로운 행사가 이어진다. 3월은 꽃샘추위처럼 매서운 바람이 유치원 교실을 한 번 휘감고 지나간다. 새로운 유아들과 학부모와 호흡을 맞춰나가며 숨을 힘겹게 몰아쉰다. 신학기 업무와 공문에 익숙해질 때면 따뜻한 봄바람이 찾아온다. 유아들의 울음소리가 그치고 학부모와도 조금씩 익숙해진다. 어색했던 동료 교사들과 조금씩 마음을 알아가며 정신없던 신학기가 마무리되어간다.

봄이 되면 학부모 상담부터 각종 가정의 달 행사로 두 눈과 손이 바쁘게 움직인다. 긴장된 끈을 놓을 수 없는 학부모 상담 기간 동안 나의 얼굴은 벌겋게 달아오른다. 유아들의 특성을 어떻게 표현해야 잘 전달할 수 있을까? 학부모와 호흡은 어떻게 맞춰나가야 하나…. 교사의 진면목이 드러나는 학부모 상담이 끝나면 온몸에 힘이 쭉 빠진다. 흔들리는 정신과 몸을 부여잡으면 학부모 참여 수업과 가정의 달 행사가 시작된다.

쉴새 없이 돌아가는 유치원 현장은 여름이 되어서야 방학을 맞이하며 한숨 돌린다. 방학 때도 유치원은 쉴새 없이 돌아가지만 유아들과 학부모, 교사들 모두 한 템포 쉬어간다. 늦여름 개학을 앞두며 유치원은 또 바쁘게 움직인다. 2학기는 1학기보다 더 빠르게 시곗바늘이 돌아간다.

1학기가 시속 40km 속도로 움직이면 2학기는 시속 80km로 움직이는 것 같다. 모든 것에 익숙해진 유아들과 교사들은 교실 속에서 왁자지껄 시끌벅적하다. 유아들의 특성이 익숙해진 교사들과 선생님이 익숙해진 유아들. 서로가 익숙해지면 더 편안해지고 좋아져야 할 텐데, 이 익숙해짐은 다이나믹한 에너지를 쏟아낸다.

푸릇했던 나무가 알록달록 정열적인 색으로 물들여지듯, 유아들과 교사도 호흡을 맞추며 겨울을 향해 달려간다. 겨울의 추운 날씨가 품에 매섭게 파고들 때면 1년의 시간이 마무리된다. 학부모와 교원들 간의 교원 능력개발평가, 학년말 평가…. 1년 간의 활동을 평가받으며 훈훈한 기운과 매서운 바람을 함께 느낀다. 이렇게 유치원은 정신없이 돌아간다.

정신없이 돌아가는 현장 속에서 나는 항상 서툰 유치원 교사인 것만 같았다. 분명 나는 경력이 쌓여 가는데 일은 늘 새로웠다. 나의 마음처럼 움직여지지 않는 유아들, 나의 생각과 다르게 전달되는 학부모와의 소통, 동료들과의 호흡, 매년 새롭게 진행되는 각종 행사들, 익숙해지면 1년이 지나가버린다. 어쩌면 우리의 모든 호흡이 평균 1년이라는 시간 안에 맞춰져 있으니 매년 새롭게 느껴지고 서투른 나의 모습을 반복적으로 직면하게 되는 것은 당연한 것이 아닐까 하는 생각이 든다.

내 주변에는 서툰 유치원 교사에서 벗어나 당당하고 멋지게 삶을 영위하며 가꿔나가는 많은 선생님들이 있다. 교사의 자존감과 교수 효능감, 전문성을 높이기 위해 노력하며 불편한 현실을 딛고 일어나기 위해 고군분투하는 동료 교사들이 있다. 나는 고군분투하는 선생님들의 삶을 이야기하고 싶었다. 계란으로 바위 치기인 듯한 답답한 현실을 벗어나려고 노력하는 선생님들의 이야기를 담고 싶었다. 무기력감에 허우적대는 교사들을 위로하고 싶었다. 누구나 겪는 어려움이니 힘내라고 다독이고 싶었다. 약자의 위치에 서 있는 유치원 교사이지만, 당당하고 멋지게 비상할 수 있는 능력이 있노라 말해주고 싶었다.

나는 유치원 선생님들이 행복했으면 좋겠다. '늘 우리는 허우적대는 것 같아요'라며 울먹이는 한탄 소리가 바뀌길 바란다. 우리가 부단히 소리를 내고 용기를 내고 이어나간다면 현실은 우리가 꿈꾸는 대로 변화될 것이

다. 단지 우리가 원하는 속도와 다를 뿐이다. 우리가 그 변화의 중심에
서 있어 지치고 힘든 것은 당연하다. 언젠가는 변화되겠지…, 착하고 순
진한 유아들처럼 위에 계신 분들만 바라보며 기다리면 해주겠지… 할 수
는 없다.

유치원 교사들이 퍽퍽한 현실 속에서 나를 아끼고 사랑하는 방법을 찾
길 바란다. 교직 경력 16년간 고군분투했던 나의 삶을 이 책에 담았다.
내가 겪었던 일들을 되돌아보며 당당하고 멋지게 삶을 영위해 나가는 힘
을 함께 만들어보고 싶었다. 내 경험 중 극히 일부만 소개한 부분도 있
다. 지면으로 담기에는 내 안의 감정들을 다 쏟아내기 어려웠지만 나는
힘들었던 순간보다 행복하게 살자고 이야기하고 싶었다.

'내가 나를 정의하지 않으면 다른 사람이 나를 정의한다.'는 〈한국석세
스라이프스쿨〉의 권동희 대표님의 말씀을 마음에 새겨놓았다. 내 입으
로 힘들다, 힘들다 말하는 것은 나의 변화를 이끌지 못했다. 내가 나를
새롭게 정의하고 당당하게 말할 수 있었을 때 나의 내적 변화가 일어났
다. 나는 내가 다른 사람들에게 동기를 부여하고 희망을 함께 노래하는
동기부여가가 될 것이라고 정의했다. 지금은 나의 삶을 몸담고 있는 유
치원 선생님들과 희망을 노래하는 동기부여가가 되고 싶은 마음으로 이
책을 썼다.

나는 교사들의 삶을 지원하는 수석교사제도가 다시 부활하길 바란다. 같은 교사의 입장에서 교사들의 마음을 어루만져주고 수업능력을 향상 시켜주는 수석교사제도가 사라진 것이 아쉽다. 제도가 사라졌어도 나 스스로 힘들어하는 유치원 선생님들에게 희망의 동기를 부여해주고, 그 길을 걸어갈 수 있도록 지원하는 유아교사 컨설턴트의 역할을 해나가고 싶다.

누구나 서툴 수 있다. 서툴지 않고 전문가로 성장하고, 성공한 삶을 살아가는 사람은 없다. 서툰 사람은 서로 손잡아주는 좋은 벗이 옆에 있다면 충분히 성장해 나갈 수 있다. 나 역시 서툰 유치원 교사 시절 나의 손을 잡고 이끌어 주셨던 김유신 수석선생님이 계셨기에 퍽퍽했던 현실에서 희망을 보았다. 그리고 앞으로 뚜벅뚜벅 함께 걸어갈 수 있었던 어울림 학습공동체 선생님들이 내 곁에 있었기에 지금의 내가 있다.

'책을 써 나의 이야기가 세상 밖으로 나와야 한다'라고 말씀해주신 〈한국책쓰기강사양성협회(한책협)〉 김태광 대표코치님께 감사드린다. 나의 이야기를 어떻게 담아야 할지 갈피를 잡지 못할 때 손잡아주시고 이끌어주신 김태광 대표코치님과 권동희 대표님이 계셨기에 나의 책이 세상 밖으로 나와 이야기를 들려줄 수 있는 기회를 얻었다. 깊은 감사의 마음을 전하고 싶다.

마지막으로 이 세상에서 가장 사랑하는 가족에게 무한 감사와 사랑을 전하고 싶다. 책을 쓰는 동안 엄마의 노릇까지 감당해준 사랑하는 남편과 자신의 삶을 긍정적으로 가꿔나가는 아들, 자신의 일을 스스로 계획하고 실천해나가는 딸 그리고 새벽 기도로 딸의 앞날을 지지해주시는 친정 부모님과 시부모님께 깊은 감사와 사랑을 보낸다.

목 차

1장 교사들은 왜, 번아웃되고 힘들어하는가?

2장 유치원 교사들도 위로받고 싶다

3장 아이들만 웃는 유치원 VS 함께 웃고 싶은 교사

4장 열정과 희생 사이에서 흔들리지 않는 교사가 되는 방법

5장 행복한 선생님이 행복한 아이를 만든다

교사들은 왜,
번아웃되고
힘들어하는가?

아이들 앞에서 무기력해진 교사

교직 경력 1년차 J 선생님을 만났다. 신규 선생님은 참 어리고 앳된 얼굴이었다. 세상 걱정거리가 하나도 없어 보이는 밝은 미소가 바라보는 사람을 기분 좋게 하였다. 그러나 선생님은 자리에 앉자마자 시무룩한 표정으로 깊은 한숨을 몰아쉬었다.

"선생님, 아이들이 제 말을 안 들어요."
"모여 앉자고 해도 모이지 않아요."
"친구와 사이좋게 지내자고 말해도 자꾸 친구를 건드리고 싸워요."
"아이들 앞에 서는 것이 무서워요."

"어떤 날은 아이들이 저를 선생님으로 보지 않는 것 같아 화나요."

"제 능력이 부족하다고 느껴져서 힘들어요."

선생님은 떨리는 목소리로 그동안 있었던 일에 대해 봇물 터지듯 말했다.

많은 선생님이 교직 첫해는 잊지 못할 것이다. 설렘과 열정으로 유아들을 헌신적으로 지도하지만 어느 순간 뜻대로 되지 않는 학급 운영에 어려움을 느끼기도 한다. 보통 1~3년 차 생존기의 선생님 중 유아들 앞에서 무기력감을 느끼는 경우가 많다. 열정은 넘치나 노하우가 없어 힘들기 때문이다. J 선생님도 유아들을 지도하는 노하우가 부족해 어려움을 겪고 있었다.

유아들은 착하고 예쁜 선생님을 참 좋아하고 호감을 보인다. 하지만 미숙한 선생님도 단번에 알아본다. J 선생님은 단순하게 "친구와 사이좋게 지내야지."라고 지도하셨다. 구체적이지 않았다. 선생님의 구체적이지 않은 말은 유아들에게 잔소리처럼 들린다. 유아들은 발달 특성상 자기중심적 사고를 한다.

자기중심적 사고란 나에게 좋은 쪽으로 생각한다는 것이다. "친구와 사이좋게 지내야지."라는 말은 단순히 내가 친구랑 재미있으면 되는 것이다. 유아들은 친구의 입장을 세심하게 배려하며 놀이하는 것 자체가 어렵다. 유아들이 다투고 있는 경우라면 상황부터 파악해야 한다.

유아들이 갈등 상황을 어떻게 이해하고 있는지 자세히 물어봐야 한다. 그 후 유아들이 자신의 상황을 되돌아볼 수 있도록 구체적인 지도가 들어가야만 한다. 상황에 대한 이해 없이 교사의 판단으로 "서로 미안하다고 사과하자.", "괜찮아~라고 말해줘야지~"라고 지도하는 것은 좋지 않다.

누구에게나 처음은 있다. 누구나 경험이 부족하면 미숙하다. 이런 경우 주눅들 필요가 없다. 신규 교사는 실수해도 예쁘고, 이해할 수 있다. 유아 지도가 힘들다고 무기력감을 느낄 필요도 없다. 오히려 '무기력감에서 벗어나기 위해 어떤 노력을 해야 할까?' 고민하는 것이 훨씬 낫다. 신규 교사의 열정은 무엇이든 흡수할 수 있는 에너지다. 자신의 모습을 성찰할 수 있는 시간을 갖고 교사로서의 자존감과 효능감을 높일 수 있도록 다양한 방법을 모색하며 생존기를 버텨내면 된다.

무기력감은 생존기의 신규 교사만 느낄까? 그렇지 않다. 무기력감이란 무엇인가 내 뜻대로 이루어지지 않을 때 느껴지는 좌절감, 허탈감이다. 교사의 경력의 차이가 아닌 상황에 따라 누구든 느낄 수 있다. 나는 어느덧 고경력 교사가 되었다. 고경력 교사들도 유아들 앞에서 멍해지며 무기력감에 빠지는 경우가 많다. 고경력 교사들은 어떤 경우 유아들 앞에서 무기력감을 느낄까?

　몇 년 전 나는 H라는 유아를 만났다. 교직 경력 10년 차가 넘었을 때라 나는 그 어떤 유아를 만나도 잘 지도할 수 있다는 자신감에 가득 차 있었다. 그런데 H를 만나며 나는 무기력의 구렁텅이에 빠져버렸다.

　'어쩜 아이가 이렇게 가면을 쓸 수 있지?'

　'선생님인 나를 이렇게 놀리다니!'

　H는 잘못된 행동을 지도하면 내 앞에서는 정말 잘못한 표정을 지으며 "네~잘못했어요."라고 대답을 곧잘 했다. 상황 분석도 잘하고 자신의 잘못이 무엇인지 알고 있는 듯하여 타일러 돌려보내면 나를 비웃는 듯한 눈빛으로 옆에 지나가던 친구를 때렸다. 그동안의 내 지도 방법이 H에게는 전혀 받아들여지지 않았다.

　나는 매일 아침이 지옥이었다. 교사를 비웃는 듯한 눈빛과 웃음이 7살 아이에게 있다니! 나는 H를 맞이하는 것이 너무 힘들었다. 또 나의 이런 모습을 다른 유아들이 지켜보고 있다는 것도 나를 힘들게 했다. 'H가 선생님을 놀리는구나!', '선생님이 H를 못 이기네?'라는 반응이 유아들에게 있을 것 같아 교실에 들어가는 것이 힘들었다.

　나는 어떻게든 H를 지도해보기 위해 학부모와 여러 차례 상담도 했다. 하지만 H의 엄마는 집안에서 온순한 아이가 유치원에서 그렇게 행동할 일이 없다고 하였다. 오히려 교사인 내가 H를 예뻐하지 않는다고 서운해 하였다.

그때 난 학부모의 말을 믿을 수가 없었다. 집에서는 H가 온순하게 행동한다고? 이해가 가지 않았다. 그러다 유치원 봉사자 선생님이 우연히 병원에서 H와 엄마의 모습을 보셨다. H가 정말 엄마 앞에서는 그런 모범생이 없다며 놀라서 연락을 주셨을 때 알았다. 아, 정말 엄마 앞에서는 순한 양이구나! 그럼 유치원에서 보이는 H의 모습은 뭐지? 내가 만만한가? 내가 정말 H를 잘못 지도하고 있는 것일까? 길을 찾을 수가 없었다.

나는 H와 부모의 관계가 정말 궁금했다. 엄마의 이야기를 들으면 H는 가정에서 문제 행동이 나타나지 않았다. 하지만 학급에서는 지속적으로 문제가 발생했다. 다른 학부모님들은 H에 대한 민원 전화를 계속 주셨다. 우리 반 친구들도 H를 슬쩍 피하는 모습이 보였다.

다른 학부모님과 상담을 하며 H의 부모님이 H를 아주 엄격하게 지도한다는 것을 알게 되었다. H가 엄마와 놀이터에 있을 때와 혼자 놀이할 때의 모습이 매우 다르다는 것을 알게 되었다. 그 이후 유치원에서 벌어지는 상황이 이해가 갔다. H는 부모님 앞에서 가면을 쓰고 있는 것이었다. 엄격한 훈육의 스트레스를 부모님이 계시지 않는 공간에서 문제 행동으로 표출하는 것이었다.

그렇기에 H에게 상냥하게 말로 타이르는 선생님은 아주 우습게 보였다. 자신을 체벌하지 않는다는 것을 너무나 잘 알고 있기에 선생님 앞에서의 순간만 모면하면 되는 것이었다. 내가 H를 지도하기 위해서는 엄마보다 더 강한 훈육이 들어가야만 했었다.

그때 난 H를 위한 지도를 포기했다. 내 능력의 한계를 받아들였다. 그해 졸업식 날을 너무나 간절하게 기다렸다. 나는 그 친구와 신경전을 많이 한 날이면 밤에 잠을 제대로 자기도 힘들었다. 도대체 이유가 뭘까? 나는 어떻게 해야 할까? 많은 선생님께 조언을 구했지만 여러 방법이 통하지 않았었다. 단지 난 H가 큰 사고를 치지 않은 것에 감사하며 졸업을 시키는 것만이 나의 목표가 되었다.

그 이후 H의 초등학교 담임 선생님에게 전화가 왔다. 빨리 1학년 연구실로 올라와서 H에 대한 상황을 설명하라는 전화였다. 나는 그 친구를 제대로 지도하지 못한 죄인의 마음으로 1학년 연구실로 올라갔다. 그때 그 창피하고 속상하고 난처했던 마음은 어떻게 표현할 수가 없다. 내가 지도했던 방법을 담임 선생님께 설명했다. 담임 선생님은 많이 난감해하셨다.

지금은 H가 어떻게 지내고 있는지 알 수 없다. 영원히 나의 마음에 아픈 손가락으로 남을 아이다. '부모보다 더 강하게 훈육을 해야만 H가 변화할 것이다.'라고 생각했던 나의 잘못도 떠오른다. 더 강한 훈육이 아닌

H의 상처를 어루만져줄 수 있는 여유가 나에게 필요했다. 하지만 그때는 나의 감정을 조절하는 것이 어려웠고, H의 겉으로 표현되는 행동에만 집중이 되었다.

유아들 앞에서 무기력감은 내가 도움이 되지 않는 존재라고 느껴질 때 온다. 무기력감이 느껴지면 자신을 곰곰이 되돌아봐야만 한다. 내가 이런 감정을 느끼는 이유가 무엇일까? 그 원인을 스스로 물어보며 찾아야 한다. 그리고 지금까지 해왔던 방식을 바꿔야 한다.

그때 난 H로 인해 심한 무기력감을 느꼈다. 나는 무기력감에서 벗어나기 위해 유아들의 발달 특성과 심리에 대해 더 열심히 공부하기 시작했다. 대학원을 다니며 육아 서적뿐 아니라 심리학 서적도 열심히 읽었다. 내가 읽은 책이 100권도 넘을 것이다.

부모와 선생님은 문제 행동을 보이는 아이를 함께 양육해야 하는 양육자이다. 내가 만나게 될 아이를 두 번 다시 포기하는 일이 없도록 교사는 끊임없이 공부해야 한다. 유아들의 행동 특성을 넓게 이해할 수 있어야 한다. 그리고 교사인 내가 어느 지점에서 감정 조절이 어려운지 알 수 있도록 내면을 들여다봐야 한다. 이런 노력을 해나갈 때 비로소 무기력감을 벗어나 열정적인 교사가 될 수 있을 것이다.

02

홀로 감당하는 것에 익숙해진 교사

나는 공립 3학급 병설유치원에서 근무한다. 초임 발령부터 1학급 2년, 2학급 2년, 3학급 10년 동안 근무하고 있다. 현재 근무하는 3학급 유치원에서는 부장 교사를 맡고 있다 보니, 사소한 일까지 다 챙겨야만 하는 경우가 많다.

유치원에 출근하자마자 자연스럽게 유치원 화단을 살피게 된다. 화단에 심어놓은 모종이 잘 자라는지 확인하고 풀을 뽑는다. 유아들이 놀이를 시작하기 전에 화단을 정리해놓고, 유아들이 식물에 물을 주기 편하도록 관리해놓는다.

화단뿐만 아니라 유치원 시설물을 전체적으로 관리한다. 시설물에 이상이 생겼을 때는 주무관님께 연락하고 AS도 신청한다. 유치원 공사가 진행되면 인테리어부터 청소 용역을 부르는 일까지 모든 것을 체크한다. 날이 추워지면 난방 기구를 살피고, 창고도 정리한다.

상황이 이렇다 보니, 가끔 '어디선가 누군가에 무슨 일이 생기면 나타나는 홍반장'이 된 것 같은 느낌이 든다.

나의 역할은 이뿐만이 아니다. 함께 일하는 동료 교사를 지원하고, 교직원들의 상황도 수시로 확인해야 한다. 하나가 어긋나면 연쇄적으로 어려움이 생기기 때문에 유치원 각반 학급 운영과 행정 업무까지 신경을 써야만 한다.

이처럼 유치원 전체를 관리하고 운영해야 한다. 부장 교사가 많은 책임을 지고 있지만 1, 2학급 유치원 교사들도 모두 다 감당하고 있는 일이긴 하다.

유치원도 1학급이든 15학급이든 규모의 크기가 다를 뿐 하나의 기관이 운영되는 데 신경 써야 할 업무는 같다. 하지만 유치원 규모에 따라 배정되는 인력이 다르다. 소규모 유치원에서 근무하는 교사는 학급 운영뿐만 아니라 다양한 업무를 함께 감당할 수밖에 없다.

유치원에 필요한 인력이 적재적소에 배치되어 담임 교사들이 유아들의 지도에만 몰입할 수 있는 날이 빨리 오기를 기대한다. 하지만 여러 절차와 운영상 필요한 인력이 배치되지 못하고 있다. 그 때문에 많은 교사가 홀로 여러 업무를 감당해야만 한다.

이처럼 교사가 학급 운영뿐만 아니라 유치원의 전체 운영을 파악하고 지원하다 보면 교사들은 쉽게 번아웃에 빠지고 만다. 어느 날은 종종거리며 유치원을 누비고 다니다 책상에 앉으면 퇴근할 시간이다. 바쁜 하루를 보낸 날이면 "진짜 일은 퇴근 시간이 지나야 시작되더라." 하던 선배 교사의 푸념이 떠오른다.

교사의 진짜 일이란 학급을 경영하는 일이다. 유아들과 함께 만들어갈 수업을 연구하고 재료를 준비하며 유아들이 활동하기 편하게 교실을 구성하고 지원하는 일 말이다. 그런데 퇴근 시간이나 되어야 학급 운영을 신경 쓸 수 있을 만큼 유치원 현장은 바쁘게 돌아간다.

번아웃에 빠지는 많은 교사가 현장의 상황을 탓하기보다 자신의 능력이 부족하다고 탓하며 힘들어하는 모습을 보인다. "내가 조금 더 잘했어야만 하는데, 내가 조금 더 빨리 했어야 하는데…." 하며 문제를 자신의 책임으로 돌리는 경우를 보면 가슴이 아프다.

나와 함께 학교 밖 학습 공동체에 참여하고 있는 선생님들은 자신의 일에 최선을 다하는 선생님들이다. 퇴근 시간 이후에도 열띤 토론을 이어나가는 선생님들의 열정을 보고 있노라면 가슴이 벅찰 때가 있다. 하지만 이렇게 최선을 다하며 열심히 살아가는 교사들도 번아웃되어 힘들어하는 경우가 있다. 특히나 업무뿐만 아니라 여러 민원이 발생하면 홀로 감당하는 것에 어려움을 느낀다.

이 기사는 스승의 날을 하루 앞두고 나온 뉴스 기사다.

〈교사 82% "교권침해 심각"… 수업 방해해도 절반은 "그냥 넘어간다"〉 전국교직원노동조합(전교조)의 '교권 보장 정책 평가와 제도 개선을 위한 교사 의견조사 보고서'에 따르면 교사 81.8%가 교권침해가 심각한 수준이라고 응답했다. 특히 학교급이 낮을수록 교권침해의 심각성이 더 컸다. 유치원 교사 89.1%가 교권침해가 심각하다고 응답했다.

이 뉴스 기사를 보며 고개를 끄덕이는 교사들이 많을 것이다. 나 역시 격하게 공감하며 고개를 끄덕였다. 내 주변에도 교권침해를 당하며 힘들어했던 동료들이 있다. 하지만 기사 제목에도 있듯이 대부분 혼자 견뎌내며 그냥 넘어갔다.

이 일은 3년 전 상담을 받았던 J 선생님의 일이다.

J 선생님은 일곱 살 학급 담임이었다. J 선생님은 학교 입학을 앞두고 일곱 살 아이들에게 한글 학습지를 지도했다. A라는 아이는 선생님의 지도에 따라 재미있게 학습지의 문제를 풀었다. 하지만 A는 집으로 돌아가 엄마에게 선생님이 학습지로 어깨를 때렸다고 말했다. A의 엄마는 선생님을 아동학대로 민원을 넣었다.

J 선생님은 A를 때린 적도 없으며, 억압적으로 학습지를 지도한 적이 없었다. J 선생님은 너무 억울하고 속상했다. 하지만 이 민원을 받은 후 기관 관리자들은 J 선생님의 이야기를 들어주지 않았다. 오히려 J 선생님이 A의 학부모에게 빨리 사과하고 안심시켜야 한다. 더 크게 민원이 확대되지 않게 해야 한다는 지시만 있었을 뿐이다.

J 선생님은 이 문제를 해결하는 과정에서 홀로 상담하고 답변해야 하는 상황이 너무 억울했다. 이런 감정적인 어려움을 겪으면서도 유아들을 지도해야만 했다. J 선생님은 A를 매일 만나야 하는 것이 두려웠다. 또 다른 유아들 앞에 서는 것도 두려웠다. 선생님이 하는 말과 행동이 또 다른 뜻으로 가정에 전달될 것만 같은 두려움이 생겼다.

이 일은 A와 학부모, J 선생님이 상담하는 과정에서 A가 학습지가 하기 싫어서 한 거짓말로 밝혀졌다. 다행히 A 학부모님은 자녀의 잘못을 인정했고, J 선생님께 사과했다. A는 무탈하게 유치원을 다니고 졸업했다. 결론적으로는 아주 순조롭게 일이 해결되었다. 관리자들도 더 이상 큰 논란으로 이어지지 않았다는 점에 안도감을 느꼈다.

하지만 이 일은 J 선생님에게 큰 상처로 남았다. J 선생님의 이야기를 들으며 '차라리 교실에 CCTV가 있어서 영상을 함께 보고 해결이 되었으면 얼마나 좋았을까?' 하는 생각도 들었다. 하지만 모든 것의 해답이 CCTV가 될 수는 없다. 사각지대도 얼마든지 있고, CCTV가 있는 어린이집과 유치원에 사건 사고가 일어나지 않는 것은 아니기 때문이다.

유아들의 발달 특성상 현실과 상상을 구분하는 것이 어려운 경우가 있다. 특히 자기중심적인 특성으로 인해 거짓말을 하는 경우가 있다. 교사에게 서운한 감정이 있거나, 선생님의 관심이 더 필요할 때 이처럼 표현하는 경우가 있다.

이와 같은 특성을 알기 때문에 교사들은 유아들의 잘못을 이해하고 그냥 넘어간다. 하지만 이런 일을 겪으면서 학부모와 관리자의 입장, 동료들의 입장을 보며 상처받는 경우가 많다. 선생님의 어려움을 함께 나누고 의논할 수 있는 동료 교사와 관리자가 옆에 없어 홀로 두려움을 감추고 앞에 나서서 해결해야만 한다.

이와 같은 일을 당하는 교사들은 얼마나 억울하고 힘들까! 억울하고 힘든 감정을 느끼며 학부모를 상대해야 하는 마음은 어땠을까! 계속해서 유아들 앞에 서야 했던 마음은 어땠을까! 이 억울한 상황을 일일이 설명할 수 없음에 얼마나 답답했을까! '이 일이 동료 교사에게 피해가 되었구나!'라는 자책감을 느끼기도 했을 것이다. 모든 것이 학급 운영을 제대로 하지 못했다고 귀결되어버리는 이 상황에 얼마나 지쳤을까! 하는 생각이 들었다.

너무 많은 일을 홀로 감당하며 힘들어하는 교사들이 많다. 누군가에게 기대어 함께 의논할 상대가 없어 힘들어하기도 한다. 자신의 일을 동료와 나누는 것 자체가 자신의 부족함을 드러내는 것 같아 부끄러움을 느끼기도 한다. 유치원과 학급을 민원이 없이 원만하게 운영하는 것이 최선이라는 분위기도 있다. '좋은 게 좋은 거지.'라는 인식 때문에 다른 사람과의 관계를 생각하느라 조용히 홀로 힘듦을 감당하려는 교사들도 있다. 우리에게 왜 이런 마음이 드는 것일까?

　홀로 많은 것을 감당하며 일하는 선생님들은 책임감이 강하다. 나 역시 나에게 주어진 일에 최선을 다하는 편이다. 책임감이 강해 여러 선생님에게 도움을 요청하는 것을 어려워한다. '내가 이 정도 더 하면 다른 선생님들이 조금 더 편하시겠지?', '이만큼은 내가 하는 것이 더 빠르겠는걸.'이라고 생각하며 혼자 모든 책임을 짊어지려고 하는 경우가 있다.

　이 모든 것을 홀로 감당하다가 번아웃이 된다면, 유치원에도, 학급에도, 자기 자신에게도 좋지 않다. 자신이 홀로 감당하기 어려울 땐 주변 동료 교사에게, 선배에게, 관리자에게 자신의 어려움을 얘기하고 해결 방법을 찾아보는 용기가 중요하다. 현실의 벽이 녹록지 않을 때, 나의 힘으로 혼자 해결할 수 없을 때, 용기 내어 손을 내밀어보자.

멀티플레이어가 되지 못해 주눅 든 교사

유치원은 유아들의 웃음소리로 가득하다. 바쁜 일상 속에서도 유아들의 웃음소리를 들으면 기분이 좋아진다. 유아들 때문에 지치고 힘들다가도 유아들의 웃음이 너무 예뻐 웃고 있는 나를 보게 된다. 유아들과 얘기하는 것이 너무 재미있다. 유아들의 이야기를 가만히 듣고 있으면 '어떻게 이런 생각들을 할까?' 가끔은 유명 인사의 명언을 듣듯이 무릎을 치게 될 때가 있다.

그러나 유치원의 모든 순간이 행복한 것만은 아니다. 많은 유아들을 한 번에 지도할 때는 지치고 힘이 빠진다. 유치원은 연령별로 한 반의 정원이 다르기는 하지만 보통 교사 한 명이 20명의 유아들을 지도한다. 가정에서는 자녀를 둘만 봐도 정신없고 바쁘다. 그런데 유치원은 같은 나이의 유아들이 20명이나 된다. 아마 독일이나 미국 등의 선진국 유치원 선생님들이 우리나라 유치원 학급당 유아의 인원수를 알면 까무러치게 놀랄 것이다.

하루는 별님반 유아가 달님반 선생님께 이렇게 물었다. "선생님, 기다려~선생님 어디 있어요?", "기다려 선생님 오늘 안 왔어요?". 달님반 선생님은 "기다려~선생님이 누구지?"라고 물었더니, 나의 인상착의를 말하면서 "맨날 기다려~ 하는 선생님 있잖아요!"라도 말했다고 해서 한참을 웃었다.

그러고 보니, 내가 유아들을 지도하면서 가장 많이 하는 말 중에 하나가 "기다려."인 것 같다. 혼자 많은 유아들을 지도하다 보면 몸이 열 개였으면 하는 날이 많다. 시도 때도 없이 유아들은 "선생님~"을 외쳐댄다.

"선생님~ 물감 놀이 꺼내주세요.", "선생님, 물병 열어주세요.", "선생님, 색종이 주세요.", "선생님 도와주세요~" 선생님을 외쳐대는 유아들에게 "잠깐만, 기다려~", "선생님 친구 먼저 도와주고, 해줄게~"라는 말을 많이 하는 것 같다.

이런 나의 모습을 보며 유아들은 어떻게 생각할까? 가끔 유아들에게 "응~ 잠깐만 기다려."라고 말하고는 또 다른 친구의 이야기를 듣다가 잊어버리곤 한다. 한참을 기다리던 유아가 "선생님, 도대체 언제 해주는 거예요?"라고 말할 때는 정말 미안할 때가 있다.

나는 학기 초 유아들에게 "선생님이 한 명이라서 너희가 기다려줘야 해!"라고 말하며 유치원 상황을 설명한다. 신규 교사 때 "잠깐만, 다른 친구 도와주고 해줄게."라고 말했던 말이 잘못 전달되어, 학부모에게 "우리 아이를 예뻐하지 않는다.", "우리 아이만 왜 맨날 기다리라고 하느냐?"라는 오해를 받은 적이 있기 때문이다.

유아들은 전체적인 상황을 보는 능력이 부족하다. 당장 지금 내가 해야 할 일만 생각한다. 그렇다 보니 선생님이 다른 친구와 이야기를 하고 있어도 중간에 껴들어 자신의 이야기를 시작하는 경우가 많다. 친구를 도와주고 있어도 옆에서 빨리 자신을 도와달라고 재촉하기도 한다. 유아들에게 상황을 말하고 "기다려줄래?"라고 얘기해도 보채는 유아들이 있다. "선생님은 나만 미워해!" 하며 토라지는 경우도 있다.

그런데 이런 유치원의 특성을 이해하지 못하고 내 아이를 오래 기다리게 한다고 오해하는 학부모도 종종 있다. 전체적인 상황은 이해는 가나 '왜, 자신의 아이만 계속 오래 기다려야 하는 건지' 의문을 갖는다. 모든 상황을 일일이 설명할 수 없고, 설득하기 난처한 경우가 생기면 교사는 열심히 지도하고 나서도 기운이 빠진다. 죄송하다는 말밖에 하지 못하며 괜스레 미안해지고 유아들과 학부모의 눈치를 보게 되는 경우가 생긴다.

　나는 가정에서도 멀티가 되지 못해 속상하다. 나는 워킹맘이다. 어느 덧 초등학교 6학년이 된 딸과 중학교 2학년이 된 아들을 보고 있으면 언제 이렇게 컸나 싶다. 하지만 아이들에게 여전히 부모의 손길이 필요할 때가 있다. 다행히 이제는 밥만 차려주면 될 정도로 많이 컸지만, 그동안 엄마의 손길이 많이 필요했다.

　하루는 우리 딸이 나에게 묻는다.
"엄마는 왜 유치원 선생님을 했어?"
"유치원 선생님은 너무 힘든 직업 같아."
"맨날 바쁘고, 힘들고…."
딸아이의 물음에 할 말이 없었다.

　남편도 묻는다.
"당신은 왜 맨날 바빠?"
"유치원은 행사가 그렇게 많아?"
"여유는 언제 있는 거야?"
남편에게도 바쁘게 살아가는 아내의 모습이기에 남편의 말에도 할 말이 없었다.

3년 전쯤이었다. 시어머님께서 허리 수술을 하시기 위해 입원을 하셨다. 우리 집에서 2시간도 더 걸리는 병원에 입원을 하셨다. 평일에 시어머님 병원을 찾아뵈려면 왕복 4시간은 족히 걸리는 거리를 퇴근 후에 이동해야 했다. 한참 유치원 재롱잔치를 준비하고 있던 때여서 조퇴를 하고 다녀올 생각도 하지 못했다.

그때 남편과 시어머님께서 나의 바쁜 스케줄을 이해해주셔서, 평일은 찾아뵙지 못했고 주말에만 한 번씩 찾아뵈었다. 그날도 시어머님은 "많이 바쁘니! 맨날 바빠서 어떡하니!" 걱정을 해주셨다.

친정 부모님은 나에게는 없어서는 안 될 분이다. 바쁜 딸을 위해 외손녀, 외손자를 곁에서 키워주시고, 나의 손길이 필요한 곳을 살펴주셨다. 바쁘게 일하는 딸을 기특하다고 응원해주시고, 기도해주시는 나의 가장 든든한 지원군이다.

나는 나의 일을 매우 사랑하고 좋아한다. 내 일을 하면서 자아실현 하는 것을 중요하다고 생각한다. 그래서인지 유치원에 출근하면 집안일이 잘 생각이 나지 않는다. 유치원에서 몰입하고 나면 퇴근할 때쯤 되어야 '오늘 저녁은 뭘 해야 하지? 오늘 우리 애들은 학교를 잘 다녀왔나? 학원은 갔나?' 하는 생각이 난다.

이런 엄마의 열정 때문인지, 우리 아이들은 내가 유치원에 있을 때 거의 전화를 하지 않는다. 웬만한 일은 스스로 다 알아서 한다. 전화해도 엄마가 달려올 수 없다는 것도 도움을 줄 수 없는 상황이라는 것도 너무 잘 안다.

가끔 투정 어린 말로 "엄마는 유치원 애들하고는 잘 놀아줘?"라고 말하는 딸아이에게 미안한 마음이 든다. 딸은 이제 컸지만, 그래도 엄마와 하고 싶은 것이 많다. 남편에게도 미안한 마음이 든다. 맛있는 식사 한 끼 제대로 차려주지 못한다. 밖에 나가서 데이트도 하고 싶고, 여행도 가고 싶어 하는 남편과 시간을 보내기 어렵다.

시부모님에게도, 친정 부모님에게도 그 앞에서는 죄송한 마음이 든다. 열심히 살고 있다고 응원해주시지만, 아직도 받기만 하는 사랑에 죄송한 마음이 든다.

이렇게 바쁘게 최선을 다해 살아가지만 유치원에서도 가정에서도 멀티플레이가 되지 않는 나의 모습에 스스로 주눅 들 때가 있다. 유치원에서는 더 빠르게 움직이지 못한 것이 마음에 걸린다. 가정에서는 엄마, 아내, 딸, 며느리의 노릇을 못 하는 것이 마음에 걸린다. 가끔은 어디서부터 내려놓아야 하고, 어느 실타래부터 풀어나가야 할지 고민에 빠지기도 한다.

주위에 둘러보면 나와 같은 고민을 하는 동료들이 참 많다. 최선을 다해 앞을 향해 부지런히 움직이는데 같은 자리인 듯 서 있다. 열심히 하는

데 유치원에서 민원이 생기면 교사로서 부담스럽고 마음이 힘들다. 아이들이 아프거나 가정의 대소사를 챙기지 못할 때 아무도 뭐라 하지 않아도 스스로 마음이 무겁다.

선배 선생님들은 "시간이 이 모든 것을 지나가게 해주시니, 견뎌라!"라고 조언해주신다. "지금이 가장 바쁠 때이고, 가장 일을 많이 할 때이니 시간이 지나면 괜찮아진다."라고 말씀해주신다.

정말 시간이 지나면 다 좋아지는 것일까? 잠이 오지 않는 밤에는 이런 생각이 든다.

04

나는 교사, 행정 업무가, 공연 기획자

매일 아침 8시가 넘으면 유치원 현관문을 열고 들어선다. 그때부터 정신없는 유치원의 하루가 시작된다. 유치원 복도에 가방을 잠시 내려놓고 불을 켜고, 보일러를 돌리고, 커피 보트에 물을 올리고 다시 가방을 챙겨 원무실로 향한다.

원무실 컴퓨터를 켜는 순간 오늘의 해야 할 일을 알려주는 팝업이 올라온다. 그 팝업을 보고 있으면 오늘 하루의 바쁜 일정이 눈앞에 그려진다. 팝업을 읽으며 오늘 해야 할 일을 운영 일지에 다 적기도 전에 일찍 등원하는 유아들을 맞이한다.

유아들은 한없이 예쁜 얼굴로 "가방 풀어주세요.", "외투 벗겨주세요."

졸졸 나의 뒤를 따라다닌다. 유아들을 맞이하며 자료장에서 오늘 하루 함께 놀이할 교구를 챙긴다. 커피 물은 다 끓었지만 마실 겨를이 없다.

옆 반 선생님이 끓여주신 커피를 한 손에 들고, 원무실에 울리는 전화를 받는다. 오늘 결석하는 유아들, 병원에 들러 늦게 등원하는 유아들, 약을 가져온 유아들의 소식을 전해 들으며 옆 반 교사들에게 전달한다.

교실로 돌아오면 또 나를 환하게 맞아주는 우리 반 친구들이 있다. 아침밥 먹은 이야기, 등원하는 길에 봤던 강아지 이야기, 아침부터 엄마에게 혼이 난 이야기를 열심히 늘어놓는다.

유아들의 가방과 옷을 정리하며 유아들의 머리부터 발끝까지 살핀다. 유치원에 오는 길에 넘어지지는 않았는지, 물병과 칫솔, 수저는 잘 챙겨왔는지 가방 정리를 도우며 유아들의 기분을 살핀다.

다행히 울고 들어오는 친구가 없는 날은 하루가 순조롭게 시작된다.

"선생님, 종이컵으로 피라미드 쌓아볼까요?"

"선생님, 제가 만든 3층 침대를 보세요."

"선생님, 우리가 만든 미끄럼틀이에요."

"선생님, 우리가 만든 연구소예요, 여기는 어디게요?"

"선생님, 친구가 나를 밀었는데, 사과를 안 해요."

"선생님, 친구가 나랑 안 놀아줘요."

선생님과 놀고 싶어 나의 손을 잡고 끌어당기는 유아들, 자신의 작품을 자랑하기 위해 나의 몸을 끌어당기는 유아들, 나의 얼굴을 돌리며 친구 때문에 속상하다고 말하는 유아들과 하루를 보내고 나면 어느새 점심시간이다. 20명의 유아들에게 급식을 배식하고, 점심을 먹인다. 유아들이 먹은 자리를 쓸고 닦고 자리를 소독한다. 정신없이 오후 활동을 하고 교실을 정리하면 어느새 하원 시간. 유아들과 오늘 있었던 일을 평가하고 하원 지도하며 부모님께 유아들을 인계하면 교실의 일과가 끝난다.

"선생님, 지금 긴급 공문이라고 하네요. 빨리 처리해주세요."
"선생님, 오늘까지 보고해야 할 공문입니다. 국회의원 요구 자료입니다."
"선생님, 운영 결과 실적 보고 제출하랍니다."

수업을 마치고 원무실에 들어와 컴퓨터를 바라보며 자리에 앉아 공문을 클릭한다. 공문은 왜 이렇게 많이 오는 것인지 보고해야 할 내용이 산더미이다. 나에게 배부된 공문을 하나씩 클릭하여 읽으며 처리하고 나면 공람 공문을 읽어 내려간다. 연계된 공문 내용을 취합하고 공문을 발송한다.

"유아학비 각반에서 사용하실 금액은 얼마입니다."

"오늘까지 유아학비 보고해야 해요."

"이 물품은 얼마예요? 언제까지 배송될까요?"

"이번 달 유아들 수익자 부담금은 얼마예요?"

공문이 끝나고 나면 유치원 예산을 관리한다. 유치원 운영과 행사에 필요한 금액을 청구하고 지출한다. 나의 엑셀 파일은 전자계산기가 된 듯 돈을 맞추며 예산을 계산한다. 나뿐만 아니라 동료 교사들도 유아 학비를 맞추느라 정신이 없다. 교육활동에 필요한 물품을 구입하며 업체와 쉴 새 없이 통화하며 예산 품의를 올린다.

"선생님, 친구가 나를 화나게 해서 왔어요. 저 여기 잠깐 있다 갈게요."

"어머님, 오늘 교실에서 이런 일이 있었어요. 놀이하다가 생긴 일이지만 속상할 거예요."

적막이 흐르는 틈을 깨우는 것은 원무실 문을 살짝 열고 들어오는 유아들과 학부모 상담 전화이다. 잠시 숨을 돌리나 싶으면 교실에서 친구와 다투고 속상한 유아들이 울며 들어온다. 위로를 바라는 유아들을 품에 안으며 감정이 추슬러지기를 기다린다. 흥분이 가라앉으면 다시 친구들이 있는 교실로 돌려보낸다. 원무실에서 유아들을 수시로 돌보며 교실 상황을 살핀다. 틈틈이 학부모와 상담 전화를 하고, 오늘 교실에서 있었던 일에 대해 오해가 생기지 않도록 전한다. 행정 업무를 보면서 유아들을 지도하는 교사들은 행정 업무만도 편하게 볼 수 없다.

"학부모의 만족도가 높은 참여 수업을 하려면 어떻게 계획해야 할까요?"

"우리 유치원을 알리려면 어떤 행사가 필요할까요?"

"유아 모집이 잘되려면 재롱잔치를 해야 할까요?"

"유치원에서 캠핑을 계획해볼까요?"

"유아들이 동물을 좋아하잖아요. 작은 동물원 행사를 해볼까요?"

"코로나 수칙을 지킬 수 있는 랜선 행사를 계획해볼까요?"

유치원은 매달 다양한 행사를 계획한다. 공립 유치원도, 사립 유치원도, 어린이집도, 놀이학교도 유아교육기관은 다양한 행사를 계획한다.

무엇 때문에 행사를 계획할까? 고민에 빠질 때가 있다. 분명 유아들을 위한 교육활동을 하기 위한 것인데 가끔 그 목적이 불분명해진다.

행사는 필요하다. 말하지 않아도 그 행사가 왜 필요한지 암묵적으로 인정한다. 행사를 준비할 때 우리가 의무교육기관이 아니라는 사실을 받아들여야 한다. 초등학교처럼 근거지 학군에 따라 유치원 유아들이 모집되는 것이 아니기 때문에 유치원 행사가 유아 모집에 영향을 준다.

교육과정의 행사이고, 유아들에게 필요한 교육활동이라는 점을 잊지 않고 행사를 계획하려고 한다. 그러나 학부모의 눈높이를 의식하지 않을 수 없다. 인근 유치원의 행사와 반응을 보며 고민에 빠지기도 한다. 선생님들은 '교육적인 효과를 높이며 어떻게 더 잘할 수 있을까?' 고민한다. 유치원 원장님만의 고민이 아니다. 유치원 담임 교사들도 조금 더 새로운 아이디어로 행사를 계획하려고 회의를 시작한다. 새로운 행사를 계획하다 보면 우리가 공연 마케팅 기획자가 된 듯한 착각이 들 때가 있다.

유치원 선생님에게는 학급 담임 교사, 행정 업무가, 공연 기획자로서의 다양한 역할이 부여되어 있다. 이 중 어느 하나만을 잘한다고 인정받을 수 없다. 이 모든 역할이 담임 교사의 역량으로 여겨진다.

교사로서 임명이 되었고, 교사의 사명을 가지고 유아들을 만나고 싶다. 하지만 유치원이 운영되기 위해서는 행정 업무가의 역할도 공연 기획자의 역할도 필요하다. 각 유치원에 교사들이 교육에 집중할 수 있도록 행정 업무 지원을 위한 실무사가 배치되길 바란다. 하지만 현실이 교사들의 기대보다 늦게 변화하고 움직인다. 이런 현실 속에서 많은 교사들은 어려움을 호소한다.

나 역시 여러 가지 역할에 버거움이 느껴질 때가 많이 있다. 가끔은 내가 교사로서의 보낸 하루보다 행정 업무가, 공연 기획자로 하루를 살아간 날이 많다. 수업 연구보다 행정 업무를 더 빠르게 하기 위한 업무 능력을 향상시키기 위해 노력하는 날이 많다. 수업과 연계된 활동보다 학부모에게 임팩트 있게 보여주기 위한 활동에 더 치중하며 교육활동의 목표가 뒤바뀐 경우도 허다하다. 이런 날은 퇴근하는 발걸음이 무겁다.

05

과잉 친절에 익숙해진 교사

"엄마, 엄마는 학부모하고 통화할 때 목소리가 완전히 달라!" 하며 통화를 엿듣던 딸이 한마디 한다. "왜? 엄마 목소리가 많이 달라?" 하고 물으니 "어. 진짜 달라. 엄마 목소리 완전 쇼호스트 목소리였어!"라고 답하며 시크하게 바라본다. "음. 엄마도 쇼호스트처럼 친절하게 학부모와 얘기해야지!"라고 말하며 슬그머니 방으로 들어와 학부모와의 상담 상황을 생각해보았다.

딱히 학부모에게 의도적으로 목소리 톤을 높이며 대화한 것은 아니었다. 평소 내가 학부모들과 대화하듯 통화를 한 것뿐이었다. 하지만 집에서는 "하하~호호~ 그랬어요?" 하면서 목소리 끝을 높이며 대화하지 않으니 낯선 엄마의 목소리에 딸이 놀랐구나 싶었다.

나는 왜 이렇게 과잉 친절을 베풀며 한껏 목소리 톤을 높여 대화를 이어나갔을까? 나는 무엇인가 따지기 위해 전화한 학부모의 화가 누그러지길 원했다. 학부모의 민원이 크게 확대되지 않기 바라는 마음이었다. 그리고 내가 친절하게 응대하면 상대방도 나에게 친절하게 대답할 것이라는 기대가 있었다.

교사가 학부모에게 친절하게 응대하는 것은 맞다. 유아를 함께 지도하고 양육하는 입장에서 원활히 소통하기 위한 기술이다. 평소 학부모들과 상담을 할 때면 나의 의도가 잘 전달되도록 말투, 억양, 제스처 모두 다 신경을 쓴다.

유아들의 잘못된 행동의 교정이 필요할 때면 학부모의 기분이 상하지 않도록 설명하기 위해 고민한다. 최대한 긍정적인 언어로 표현하려고 노력한다. 자녀의 긍정적인 모습을 찾아 먼저 얘기하고, 가정의 도움이 필요한 부분은 뒷부분에 이야기하며 전달한다. 학부모의 감정을 상하게 하지 않으며, 선생님이 자녀의 문제를 고민하는 지원자의 역할을 하고 있다는 인식을 심어주기 위한 노력이다.

나는 이것은 상담의 기술이라 생각한다. 상담은 학부모에게 자녀의 행동으로 인해 '교사가 힘들다.'라는 것을 전하는 것이 목적이 아니다. 문제 행동의 원인을 부모와 함께 찾아보고 지도하기 위한 방법을 찾는 것이다. 이런 목적을 달성하기 위해 교사가 어느 정도 학부모와 소통하기 위한 기술을 지녀야 한다고 생각한다. 그러나 교사의 과한 친절이 가끔 문제를 불러오기도 한다.

몇 년 전, 만 3세 반을 지도하면서 겪었던 일이다. 그날은 내 컨디션이 좋지 않은 날이었다. 유치원 문을 열어주며 학부모에게 인사하고 우리 반 유아를 하원시켰다. 그런데 다음 날 '선생님 우리 아이가 유치원에서 잘못한 것이 있나요? 선생님이 저를 차갑게 대하셔서요.'라는 문자를 받았다. 나는 도대체 이게 무슨 말인가 싶어 놀란 마음으로 학부모에게 전화를 했다.

학부모에게 물으니 선생님이 요즘 우리 아이를 조금 덜 예뻐하는 느낌이 들었단다. 그런데 선생님이 하원할 때 자신을 보고 웃지 않고 대해 기분이 나빴다는 것이다. 학부모의 말에 너무 놀라고 어이가 없었다. '무슨 근거로 내가 아이를 예뻐하지 않는다고 생각한 거지?', '내가 뭘 어쨌길래 차가웠다고 하는 거지?' 그 상황이 이해가 가지 않았다. 한참을 학부모와 통화하며 오해를 풀고 나의 행동을 되돌아보았다.

학기 초 기본생활습관 지도를 위해 유아들의 옷과 자켓을 걸어주며 한 명 한 명 입고 벗는 방법을 지도한다. 어느 정도 유치원 생활에 익숙해지면 교사가 도와주기보다는 스스로 옷과 가방을 정리할 수 있도록 지도한다. 이 과정에서 힘들어하는 유아들이 있다. 하기 싫다며 어리광을 부리는 유아들도 있다. 이 엄마의 자녀는 선생님이 자켓을 걸어주지 않고 스스로 하라고 했더니, 엄마에게 "선생님이 나를 이뻐하지 않아."라고 말했던 것이다. 학부모는 자녀의 말만 믿고 나의 모습을 지켜봤다. 내가 마침 컨디션이 좋지 않아 인사를 친절하게 하지 못했더니 자녀에게 화가 났다고 본 것이었다. 정말 어이가 없었다.

내가 이 에피소드를 동료 선생님들에게 말했더니 나와 비슷한 경험을 했다고 했다. 선생님들이 목소리 톤을 높이지 않고 차분하게 상담하면 친절하지 않다는 평이 나온다는 것이었다. 선생님이 유아의 상황을 있는 그대로 표현하면 '우리 아이를 예뻐하지 않는다.'라는 피드백이 오간다고 했다.

성향에 따라 활발하게 분위기를 이끄는 교사가 있지만, 차분하고 담담하게 자신의 생각을 전달하는 교사들도 있다. 친절한 하이톤의 선생님에게 익숙해진 학부모들은 차분하고 담담한 선생님을 낯설어한다.

간혹 "우리는 왜 맨날 죄송하다고 표현해야 해요?"라고 속상해하는 선생님이 계신다. 나 역시 "죄송합니다."라고 말하지 않아도 되는 상황에 나도 모르게 "죄송합니다."라는 말이 나온다. "학부모님~ 바쁘실 텐데,

부탁드려요.", "학부모님~ 귀찮으시겠지만, 서명 좀 부탁드립니다."라는 말로 대화를 시작하려고 한다. 이런 의미 없는 말로 과잉 친절을 베푼다.

대화 전문가 이정숙 작가의 『실속 대화법』에는 "미안하다", "죄송하다", "귀찮겠지만" 등의 저자세를 느끼게 하는 말로 약자의 이미지를 내보이면 상대방의 공격성을 강화시키고 나의 자기 방어 의지는 약화될 수 있다고 했다. 상대방에 대한 지나친 친절과 배려는 말에 대한 진정성이 결여돼 결국 관계 유지에 도움이 되지 않는다. 오히려 자기 방어가 필요한 순간 언어의 파워만 낮춘다.

정말 미안한 일이 있을 경우는 당연히 미안하다고 말해야 한다. 그러나 미안한 일이 아닌데, 미안하다고 표현하는 것은 삼가야 한다.

우리나라에서는 대체로 바른말을 하면 곤란해하는 경우가 있다. 나의 속마음은 숨기며 상대방이 좋아하는 말인 것 같아 "미안합니다."라고 말하는 경우가 있다.

과잉 친절 습관을 어떻게 줄일 수 있을까? 학부모와의 관계를 적절하게 유지하며 또 서로가 예의를 지키며 대화를 나눌 수 있는 기술은 무엇일까? 적절한 대화법을 실천하며 학부모에게 교사의 생각을 바르게 전달할 수 있도록 학부모 대화법을 연구할 필요가 있다.

나는 학부모와의 대화법도 적절한 관계 유지가 필요하다고 생각한다. 학부모와 적절한 대화를 주고받기 위해서는 과잉 친절 대화가 아닌 공감 대화법이 필요하다. 학부모의 입장을 이해하고, 공감하며 대화를 이끌어 가지만 민원이 빨리 처리되기 위한 마음으로 학부모의 입장만을 들어줘서는 안 된다. 적절한 관계를 유지하며 학부모의 입장에 대한 마음을 읽어주되 교사의 마음도 표현해야 한다.

교사로서의 전문성을 갖추며 교사의 말에 신뢰감이 가도록 대화를 이어나가야 한다. 학부모의 입장에서 이끌려 학부모의 무례한 요구까지 받아들이는 태도는 지양해야 한다.

최근 서비스업에서 시작된 과잉서비스 문화가 어느새 학교에서도 요구되고 있다. 몇 년 전부터 학기 초가 되면 전화 및 학부모 응대 매뉴얼이 공문으로 내려온다. 전화는 세 번 울리기 전에 받고, 소속을 먼저 밝혀라. 학부모에게 전화가 왔을 때 친절하게 응대하라는 공문을 보며 '이런 공문이 다 내려오는 세상이구나.' 싶다.

간혹 교사에게 서비스업에 종사하는 사람처럼 친절을 요구하는 학부모가 있다. 이젠 교사도 '서비스업 종사자이지!' 하면서 그렇게 응대하는 것이 맞는 것처럼 요구하는 관리자들도 있다. 과잉 친절이 '교육'이라고 포장되어 교사들에게 요구되는 서비스가 점점 늘어나고 있다. 서비스업의 종사자처럼 과잉 친절을 베풀길 원하는 관리자나 학부모에게 ARS 상담원과 통화하기 전에 나오는 멘트를 들어주고 싶다.

"지금 상담받고 있는 사람은 누군가의 소중한 가족입니다. 내 가족이 상담을 해준다 생각하고 폭언을 삼가주세요."라는 멘트를 듣고 상담을 하면 서로의 입장을 좀 더 배려하며 교사에게도 과잉 친절을 요구하지 않지 않을까?

나는 우리 선생님들이 학부모 앞에서 교사로서의 전문성을 인정받아 선생님의 말의 권위가 바로 서길 바란다. 선생님으로서 우리 자녀를 확고한 신념을 가지고 지도하고 있으며, 교사의 철학과 비전을 학부모와 공유하며 신뢰감을 높이자. 선생님은 민원 상담원이 아닌 교육자라는 것을 인지시킬 필요가 있다.

06

존경하지만 존중받지 못하는 교사

"어떤 일을 하시나요?"

"교사입니다."

"초등학교 선생님이신가요? 중·고등학교 선생님이신가요?"

"유치원 선생님입니다."

"아… 네… 유치원 선생님이시군요….”

내가 유치원 교사라는 직업을 소개할 때마다 좀 난처해지는 이 느낌을 어떻게 표현할 수 있을까? 교사는 당연히 학교에 근무하는 사람이다. 우리나라의 학교라는 명칭은 초·중·고 학교에 사용되니 나의 대답에 당황하는 것은 어쩌면 당연하다는 생각이 든다. 내가 유치원 교사라고 소개하면 가끔 정적이 흐른다. 유치원 교사들이 당당하게 교사라고 답하는 것이 어색한 사회적 분위기이다. 왜 우리는 유치원 교사를 당당하게 교사라고 인정할 수 없는 분위기일까?

대한민국 유치원 교육은 110년 역사를 가지고 있다. 110년 동안 유치원 교육이 이루어지고 있지만 유치원은 유아학교로 인정받지 못했다. 우리나라는 누구나 중등교육까지는 교육을 받을 수 있다. 그러나 초등학교에 앞선 유아교육은 의무교육이 아니다. 무상교육의 개념으로 교육비 일부를 지원받고 있을 뿐이다.

우리나라는 유아교육기관이 어린이집과 유치원으로 이원화되어 있다. 이 두 기관을 지도 점검하는 정부산하기관도 여성가족부와 교육부로 나뉘져 있어 통일시키기 어렵다. 유아교육기관의 비중도 공립 유아교육기관보다 사립 유아교육기관이 훨씬 높아 그 운영 방법도 교육과정도 통일시키기 어렵다.

대선을 앞두고, 한 후보자가 유아교육기관의 선생님들을 찾아가 노고를 살피며 응원의 메시지를 전했다는 기사를 본 적이 있다. 관련 기사에는 사회적 약자의 위치에서의 유치원 선생님들의 열악한 급여 체계와 열악한 근무 환경이 쓰여 있었다. 기사 댓글에는 현장의 어려움을 호소하는 선생님들의 댓글과 어려운 환경에서도 맡은 바 최선을 다하는 선생님들을 응원하는 학부모들의 댓글이 이어졌다.

나는 이 기사를 읽으며 어떻게든 우리의 현장이 재조명되는 것 같아 반갑기도 하면서도, 또 이런 기사 뒤에도 변화되지 않는 유아교육기관의 현실이 참 씁쓸했다.

유치원 선생님들은 우리 유아들의 첫 학교의 선생님들이다. 하지만 첫 학교 선생님이라고 인정받지 못하는 현실이다. 내가 "유치원 선생님입니다."라고 소개하면 "참 좋은 일을 하시네요. 훌륭하세요. 우리는 하나도 힘들어 키우기 어렵잖아요. 그 많은 아이들을 어떻게 그렇게 잘 지도하세요. 대단하세요."라며 유치원 선생님의 직업에 대해 존경을 표하기도 한다. 이런 말을 들으며 기분이 좋다가도 우리가 처해 있는 현실이 답답하다.

어린 유아들을 지도하는 것에 대한 존경은 받지만 그에 상응하는 존중을 받지 못하고 있다. 현실에 맞지 않는 급여 체계와 그 급여도 경력에 따라 인정받지 못하는 현실. 유아교육기관의 교육철학보다 유아 모집의 경쟁에 내몰리는 현실이 속상하다.

얼마 전 사립 유치원 선생님들과 만나 앞으로의 진로에 대해 상담해드렸다. 사립 유치원에서 1급 정교사 선생님들은 그 박한 호봉조차 제대로 책정 받기 어려운 현실이었다. 선생님들은 자연스럽게 호봉을 낮춰 근무할 수 있는 유치원을 찾았다. 호봉을 낮춰 근무할 수 있는 곳을 찾을 수 있는 것만으로도 다행이라고 말씀하시는 모습이 참 안타까웠다.

유치원 선생님들은 열악한 근무 조건뿐 아니라, 사회적 인식도 교사로서 인정받지 못하는 경우가 있다.

"유치원 선생님은 애들하고 계속 놀아?"
"유치원 선생님이 무슨 공부를 시켜?"
"유치원 선생님은 애가 울지 않고, 다치지 않고 잘 놀게만 하면 되는 거 아니야?"
"유치원 선생님은 유치한 것을 좋아하는 것 아니야?"

일반적으로 유치원 교사들의 일을 유아들과 단순하게 놀아주는 것이라 여기는 사회적 분위기가 있다. 어느 모임에 가더라도 유치원 교사는 아이들을 돌보는 일을 자연스럽게 맡게 된다.

자신의 감정을 적절하게 말로 표현하기 어려운 유아들과 소통하는 것이 어디 쉬운가! 유아들을 안전하게 놀이할 수 있도록 환경을 제공하고, 유아들이 서로를 배려하며 즐겁게 놀이하도록 이끄는 것은 전문가만이 할 수 있다.

작년에 한 방송국의 예능 프로인 〈강철부대〉가 인기를 끌었다. 어느 날 TV에서 〈미운 우리 새끼〉에 강철부대의 박군과 특수부대 출신 여군이 3명 나왔다. 정강이로 야구 방망이를 부러뜨리는 여군, 움직이는 물체에 사격을 백발백중 맞추는 여군들이 나와 힘을 뽐냈다.

방송인 김희철이 육아와 특수부대 둘 중 어느 것이 더 힘든 것에 대한 질문에 특수부대 여군들은 육아라고 답했다. 아무리 힘든 훈련도 끝이라는 것이 있는데 육아라는 것은 끝이 없다고 답했다. 강인한 체력을 가지고 있는 여군들도 육아가 제일 힘들다고 말하는 것이 육아이다. 유아들을 지도한다는 것은 특수부대 여군들도 힘들어할 만큼 육체적, 정신적으로 힘든 일이다.

요즘은 유아들이 가정에서 활동하는 시간보다 유아교육기관에서 보내는 시간이 더 길다. 유아교육기관은 부모를 대신해 유아들의 기본 생활 습관과 인성 교육을 지도한다. 유아들이 다른 사람과 더불어 살아갈 수 있도록 사회성도 지도한다.

유아들은 놀이가 삶이고 배움이고 공부인데, 그 놀이를 지도하는 것이 전문성으로 인정받지 못한다. 단순하게 "아이들을 재미있게 해주면 되는 거 아니야? 애들이 안 싸우게 하면 되는 거 아니야?"라고 말하는 모습을 보면 사회적 인식 수준을 다시 한번 느끼게 된다.

요즘 유아교육기관에서 아동학대의 기사가 나온다. 아동학대의 기사를 보면 "선생님이 어떻게 저럴 수 있지?"라는 생각에 화가 난다. 어린 유아가 받았을 상처를 생각하니 몸서리치게 가슴이 아파온다. 한편으로 그 지경까지 가게 된 상황에 분노가 올라온다.

아동학대를 저지른 교사는 분명 잘못이다. 그 어떤 상황에 있어서도 아동을 학대하는 것은 큰 잘못이다. 하지만 일부 이런 교사로 인해 유아 교사가 사회적으로 잠재적 범죄자로 여겨지는 분위기가 형성되고 있다.

교사를 신뢰하지 못한다며 교실마다 CCTV가 달리고, 학부모의 알 권리를 내세우며 교사들은 일거수일투족 CCTV 밑에서 유아들을 지도하는 현실에 놓였다. 유아들이 놀이하다 다친 상처가 아동학대로 고소되기도 한다. 교사의 노고가 학부모의 의심으로 한순간에 무너져 내리고 교사에게 아픈 상처로 남는다.

가정에서는 한두 명의 아이도 부모 혼자 아이를 돌보는 것이 어려워 진땀을 흘린다. 유치원에서도 선생님들은 한순간도 유아들에게서 눈을 뗼 수 없는 상황에 놓인다. 교실이나 복도를 혼자 걸어가다가도 넘어지고 다친다. 호기심으로 이것저것 만지며 위험한 상황을 판단하지 못한다. 현실과 상상을 구분하는 것도 어렵다. 자기주도적 특성으로 상대방의 입장을 이해하고 배려하는 태도도 부족하다.

이러한 유아들을 지도하며 교사의 눈은 쉴 새 없이 돌아간다. 교사 대 유아 인원수가 많을수록 교사들은 세세한 상황을 놓칠 수밖에 없다. 또한 유아들을 지도하며 겪는 스트레스가 높아진다. 교사들이 감정을 조절하여 유아들을 지도하려고 노력하지만, 교사 혼자 지도할 수 있는 에너지는 한계가 있다.

교사 대 유아의 인원수를 낮춰 교사들의 교육의 질을 높여야 한다. 현실은 유아 교사들에게 철인 교사를 요구한다. 교사 대 유아 비율을 낮춰 교사가 안정적으로 유아들을 지도할 수 있는 제도적 시스템이 요구된다. 상황을 변화시키지 않으면서 유아들의 교육의 질을 높이라고 하는 태도는 어불성설이다.

유치원의 많은 선생님들이 유아들의 환한 웃음을 보며 힘을 낸다. 유아들이 우리나라의 사회 일원으로 바르게 성장해나가는 모습을 보며 사명감을 가지고 일을 한다. 선생님들이 자신의 일에 대한 사명감과 높은 긍지를 가지고 유아들을 지도할 수 있게 사회적 인식이 변화되어야 한다. 가장 어린 유아들을 지도하는 어려운 일을 한다고, 힘든 일을 한다고 말로만 존중한다고 말하면 안 된다. 사회적으로 선생님들의 노고가 존중되고 존경받는 분위기가 이루어져야 한다. 유치원 교사의 교권이 확립되고, 사회적 영향력이 인정되어야 우리 아이들의 밝은 미래가 보장된다.

07

열심히만 하면 되는 줄 알았습니다

열심히 일하는 교사들을 빗대어 "그 선생님은 워커홀릭이야!"라고 말하곤 한다. 자신의 일에 최선을 다하는 사람을 뜻하는 것인데, 일 중독이라는 뜻으로 어감이 좋게 들리지 않는다. 나는 일하는 것을 즐거워한다. 나에게 주어진 일이라면 대충이 아닌 잘하고 싶다. 그래서 일을 잘할 수 있는 방법을 스스로 찾으려고 노력했다. 수업을 잘하는 교사로 인정받고 싶었다. 나는 일하면서 얻어지는 만족감과 성과가 주는 기쁨을 크게 느낀다.

간혹 열심히 일하는 나에게 "공립 선생님이 무슨 일을 그렇게 열심히

해!", "열심히 한다고 월급을 더 줘요?", "그렇게 일하지 말고, 적당히 하면서 지내요."라는 말을 건네는 교사들이 있다. 그런데 이렇게 말하는 교사들이 꼭 무슨 일이 있으면 제일 먼저 나에게 전화를 한다. "선생님, 이거 했어? 이거 한 거 있으면 좀 보내줘 봐~" 하면서 나를 찾는다.

몇 년 전만 해도 내가 만든 자료를 공유한다는 것에 대한 아까운 마음이 들기도 했었다. '꼭 내가 필요할 때만 전화해서 자료를 달라고 하지?', '내가 호구인가?' 하는 생각도 든 적이 있긴 했다. 하지만 나에겐 유아 교사로서의 참 스승이신 김유신 수석 선생님이 계신다. 김유신 수석 선생님께서 아낌없이 자료를 내어주시고 지도해주셔서 지금의 내가 성장할 수 있었듯이 내가 누군가에게 도움이 된다면 그 어떤 자료도 아깝지 않다.

그런데 가끔 이렇게 일하는 것이 즐겁다가도 지칠 때가 있다. 나는 유아들을 위해 조금 더 즐겁게 놀이할 수 있도록 준비했던 일인데, 폄하되어 뒷담화에 오르락내리락할 때 속상한 마음이 든다. 이런 말을 들으면 '나는 내가 일을 크게 벌려도 내가 더 일을 하지. 다른 선생님께 더 도와달라고 한 적이 없는데, 왜 저렇게 말을 하지?' 하면서 속상한 마음을 털어낼 때가 있다. 하지만 요즘 나를 가장 기운 빠지고 힘들게 하는 건 동료 교사의 질투 어린 핀잔이 아니다.

공립 유치원 교사인 나에게 지금 가장 큰 가슴 아픈 시련을 주는 것은 유아 모집이다. 열심히 최선을 다해 유아들을 지도하고 아이들을 잘 키워 성장시키면 나의 역할을 다했다 생각했다. 하지만 유치원은 의무교육 기관이 아니기 때문에 매년 유아 모집을 해야만 한다. 초등학교처럼 학교라는 개념이 없기 때문에 매년 다양한 기관과 경쟁 아닌 경쟁을 해야만 한다.

어린이집과 사립 유치원과 영어 유치원. 다양한 교육기관과 유아 모집을 놓고 경쟁이 일어난다. 몇 년 전만 해도 뉴스에서는 공립 유치원에 들어가는 것이 어렵다는 뉴스가 보도되었다. 사실 그랬다. 5년 전만 해도 유아 모집 추첨을 하느라 정신없이 바빴다. 하지만 지금은 상황이 많이 달라졌다.

아직도 공립 유치원의 수요가 넘치는 곳이 있긴 하다. 새로 생긴 신도시의 경우와 아파트가 생겨 외부에서 입주하는 가정이 늘어난 경우, 공립 유치원의 수가 부족하여 경쟁이 치열하다고 들었다. 하지만 이런 곳 말고 내가 근무하는 지역과 비슷한 구도시들은 출산율 저하로 유치원 취원 연령의 수가 급격히 줄어든 곳이 많다.

더군다나 코로나로 인해 공립 유치원은 교육부의 지침에 따라 여러 가지로 운영에 제한이 많았다. 학급당 밀집도를 낮추기 위해 순번을 정해 유치원에 등원을 해야 했다. 또 계획되었던 다양한 활동을 할 수 없어 유치원 운영에 많은 어려움을 겪었다.

출산율과 코로나로 인해 엎친 데 덮친 격으로 공립 유치원 유아 모집에 많은 어려움이 생겼다. 내가 근무하는 유치원도 작년에 비해 유아 수가 많이 줄었다. 유아 모집 인원수가 줄어들면서 많은 유치원의 학급 수가 감축되고 있다.

유치원의 학급 수가 감축되는 것에는 출산율 저하와 코로나 상황 등 다양한 이유가 있는데 이 책임이 열심히 일한 유치원 교사에게 돌아온다. 교육청에서는 유아 모집에 더 신경을 써주길 바란다는 메시지가 온다. 내가 교육청의 입장이라도 유아 한 명이라도 더 모집할 수 있도록 신경을 쓰라는 메시지는 얼마든지 보낼 수 있다. 하지만 이런 사태의 문제를 우리 유치원 교사의 내부에서 찾는 것은 바람직하지 않다.

현재 유치원 정원은 출산율 저하의 비율을 반영하지 못하고 있다. 줄어드는 출산율로 입학 연령의 유아 수가 줄어드는 원인을 왜 교사에게서 찾는지…. 출산율 비율에 맞춰 학급당 유아 수를 감축하고, 더 질이 좋은 유아교육을 실천할 수 있는 환경을 조성해야 해야 한다.

현재 경기도 유아학급 편성 기준 만 5세는 학급당 26명이다. 교사 한 명이 26명의 유아들을 지도해야 한다. 이렇게 교사 대 유아 수의 비율이 높은 상황에서 취원 유아 수가 줄어들면 교사 대 유아 수를 줄여 교육의 질을 높여야 하는 것이 아닐까? 공립 유치원의 공공성을 높이기 위해 유치원 여건을 재정비하는 것이 학급 수 줄이기보다 먼저다.

나는 열심히만 하면 모든 것이 순리대로 잘 풀릴 것이라 생각했다. 너무 단순했고 순진했던 생각이었던 걸까? 교사가 책임질 수 없는 부분까지 교사의 역할이라 여겨지는 현 상황이 너무 안타깝다.

사립 유치원 교사들도 열심히만 일하면 되는 줄 알았는데 점점 사기가 떨어진다. 왜일까? 사립 유치원 선생님은 1년씩 계약이 이루어진다. 선생님들이 열심히 일한 결과를 1년에 한 번 평가받고 근속 여부가 결정된다. 사립 선생님들이 가장 힘들어하는 것이 1년 동안 열심히 일했지만 '나는 딱 1년 알바구나.'라고 받아들여야 하는 현실에 맞닥뜨려 있기 때문이다.

그 누구보다도 유아들을 사랑하고 열심히 지도하려고 노력한다. 하지만 선생님들은 고용의 불안 속에서 소속감을 느끼며 일하는 것이 어렵다. 매년 유치원 교사들의 구직 사이트에는 유치원에서의 어려움에 대한 하소연의 글들이 올라온다. 또한 열심히 최선을 다해 몸이 부서져라 일을 했지만 경력이 쌓여 더 이상 근무할 수 없게 되었다는 안타까운 소식을 접한다.

내가 만났던 공사립 유치원 교사들은 정말 최선을 다한다. 누가 알아주든 알아주지 않든 책임감 있게 교사로서의 소명을 다한다. 우리 유아들이 바르고 건강하게 성장해나갈 수 있는 건 최선을 다하는 교사들 덕분이라고 자신 있게 말하고 싶다.

열심히 최선을 다해 일하는 교사에게 마땅한 결과가 주어져야 한다. 교사에게 교사의 힘으로 바꿀 수 없는 상황에 대한 책임을 전가하면 안 된다. 공립 유치원과 사립 유치원, 어린이집 등 많은 유아교육기관 운영 시스템이 제도적으로 더 많이 변화되어야 한다.

뉴스에는 유치원의 비리, 갑질 관리자, 아동학대 등 유아교육기관에서 일어나는 부조리한 상황이 심심치 않게 보도된다. 이런 기사를 보면 나도 모르게 한숨이 깊게 쉬어진다.

우리나라의 유아교육은 교육의 사각지대에 놓여 있다. 공립 유치원은 의무교육기관이 아니라는 이유로 초·중등학교와 같은 교육과정 혁신의 대상에 제외되어 있다. 사립 유치원은 경영자의 마인드와 철학에 따라 교육의 편차가 크다.

모든 교육이 그러하겠지만 유아교육은 특히나 교육의 질은 교사의 질을 능가할 수 없다. 초·중등학교처럼 교과서가 없다. 모든 교육과정을 교사와 유아가 함께 만들어가는 교육활동을 하는 곳이 유치원이다.

선생님들의 교육의 질을 높일 수 있는 방법은 선생님들이 안정된 환경에서 유아들을 지도할 수 있도록 제도적 시스템을 갖추는 일이다. 선생님들의 고용 안정과 근무 환경 개선이 변화될 때에 교사들의 사기가 저하되지 않을 것이다.

2장

유치원 교사들도
위로받고 싶다

교사도 시행착오를 겪으며 성장해요

나는 유치원 교사들의 학교 밖 학습 공동체를 6년간 이끌고 있다. 서로 다른 곳에서 근무하는 선생님들이 모여 대화를 나눈다. 선생님들은 수업을 준비하며 고민이 되는 부분, 수업을 진행하며 겪는 어려움, 유아들의 문제 행동으로 인한 어려움, 학부모와의 갈등, 관리자와의 갈등 등 유치원 교사로서 겪는 어려움을 함께 대화하며 공감하고 소통한다.

학습 공동체에서 선생님들과 다양한 주제로 이야기를 나누며 많은 선생님들이 실수에 대한 두려움을 갖고 있다는 것을 알게 되었다. 나 역시 16년간의 교직 생활 동안 어처구니없는 실수를 많이 했다. 그때마다 많이 위축되고 힘들었던 것은 사실이다. 딱히 누가 뭐라 하지 않아도 주변 동료 교사의 눈치가 보였다. 나의 실수를 한심한 듯 바라보고만 있을 것 같은 관리자들의 눈빛이 의식되었다. 가끔은 우리 반 유아들이 선생님을 만만하게 생각하고 있지 않나 걱정이 되었다. 또 나를 불안해하며 바라보고 있을 학부모들을 생각하면 나도 모르게 주눅이 들었다.

내가 신규 발령 받은 첫해. 지금도 생생하게 기억이 난다. 처음 만난 유아들, 학부모님들, 함께했던 선생님들…. 그해 나는 첫해 신고식을 톡톡히 치렀다. 열정을 불태우며 유아들과 함께 지내게 된 순간들이 너무나 소중했다. 하지만 누구에게나 시행착오가 있듯 모든 것이 서투른 내 모습에 스스로 많이 위축되고 속상했다.

"선생님, 애를 안 낳아봐서 그래요?"
"선생님, 애들은 그렇게 지도하는 것이 아니에요."

순둥순둥한 얼굴로 처음 발령받은 선생님을 담임으로 맞이한 학부모들은 불안한 기색이 역력했다. 내가 유아들의 상황을 전달하기 위해 전화를 하면 몇몇 학부모님들은 교사인 내 의견을 수용하지 않았다. 위와 같은 말로 방어적인 태도를 취했다. 그때 학부모들의 이 말이 얼마나 가슴에 상처가 되었던지, 이런 말을 듣고 얼어붙은 내 입은 다른 어떤 말을 해야 할지 몰라 어쩔 줄 몰랐다.

유아들과 즐겁게 수업하기 위해 밤새 인형을 만들고 동화를 들려주고 서 유아들에게 "재미없어요!", "선생님, 이 동화는 언제 끝나요?", "선생님, 인형마다 목소리가 다 똑같아요?", "이거 인형이 말하는 것이 아니라 선생님이 말하는 거죠?"라고 핀잔을 받는 날이면 유아들 앞에서 얼굴이 홍당무로 변했다.

어떻게 유아들에게도 무시를 당할 수 있나! 이 창피한 이야기를 동료 교사와 선배 선생님에게 말하는 것조차 부끄러워 집에 돌아와 남편에게 엉엉 울면서 말했던 기억이 난다.

등골 오싹했던 학부모 참여 수업날도 잊을 수 없다. 활발하고 역할 놀이를 즐겨 했던 유아들이라 부모님들 앞에서 동극을 보여드리면 좋을 것 같아 용감하게 그 어렵다는 동극 놀이를 겁 없이 계획했다.

평소 동극 놀이를 할 땐 앞에 나와서 재미있게 참여하던 유아들이 부모님이 보고 있으니 꿀 먹은 벙어리가 되었다. 등에는 식은땀이 나고 내 목소리는 목이 메여 나오지도 않았다. 분명 유아들이 부모님이 계시지 않았을 땐 너무나 재미있어하며 즐거워했는데….

교사의 역량을 부모님들에게 보여드리는 그날, 나는 최악의 모습을 보여드렸다. 긴장한 유아들을 다독였지만 울음을 터트리는 유아들이 나왔다. 유아들의 울음을 달래느라 수업은 예상 시간보다 길어졌다. 나도 학부모도 유아들도 모두 힘든 하루를 보냈다. 유치원 수업을 보고 난 후 학부모 평가를 받은 칸에 나의 부족함이 적혀 있었다. 쥐구멍이 있다면 숨고 싶은 심정이었다.

그해 졸업식 날은 더 어처구니없는 일도 생겼다. 첫 졸업식을 앞두고 사회를 보는 내내 입술이 바짝 마르고, 졸업식 시나리오를 들고 있는 손이 바들바들 떨려 정신없이 식을 진행했었다. 전날 밤에 졸업식 시나리오를 외우며 만반의 준비를 했었다.

하지만 제일 중요한 유아들의 졸업장과 상장에 학교장 직인을 찍는 것을 잊어버리고 유아들에게 졸업장과 상장을 나눠주는 일이 생겼다. 유아들에게 졸업장을 건네주시던 원장 선생님의 얼굴이 딱딱하게 굳으며 나를 바라보셨던 그 눈빛. 졸업식을 다 마치고 졸업장과 상장을 수거하여 직인을 찍어 다시 배부한 일.

"아니, 김 선생님은 졸업장과 상장 안 받아봤어요!"

"상장 직인까지 찍는 걸 가르쳐줘야 하는 사람이 어디 있나!"

그날 교무실에서 한바탕 혼이 나고, 교실로 돌아와 울먹이며 교실을 정리했다. 졸업식을 마치고 동료 교사들과 함께 한 회식 자리에서 난 급체를 했다. 먹은 것을 다 토해내고 응급실에 가서 수액을 맞고 정신을 차렸던 기억이 있다.

가끔 나처럼 실수를 하고 힘들어하며 자책을 하는 어린 선생님들을 만나게 된다. 그때마다 내 이야기를 해주며 "선생님은 저보다 나으십니다.", "저는 이렇게 행동했던 사람입니다."라고 여러 가지 에피소드를 말씀드리면 선생님들의 눈빛이 바뀐다.

'선배 선생님들도 나처럼 이런 실수를 저질렀었구나!' 하는 안도의 눈빛이라고 할까? 아니면 선배 선생님의 실수가 어처구니없어 헛웃음이 나오는 눈빛이랄까? 나의 시행착오 실수담을 동료 선생님들과 모여 이야기를 나누다 보면 시간이 훌쩍 흘러가버린다.

"선생님도 그런 실수를 하신 적이 있다니, 제 실수는 아무것도 아니네요."

"선생님, 그래서 다음부터는 학부모 참여 수업을 어떻게 준비하셨어요?"

"선생님은 수업을 망하고 나면 어떻게 다시 회복하세요?"

"저는 제가 어렵다고 생각되는 활동은 자꾸 하기 싫어서 피하게 돼요."

"저는 똑같은 활동을 해야 하면 대충 얼버무리며 넘어가게 되는 것 같아요."

"아이들이 또 재미없다고 말할 것 같아서 다시는 그 활동을 못 하겠어요."

이런 질문을 받고 답을 하다 보면, 모든 것을 잘할 것만 같은 선배 선생님의 실수는 저경력 선생님들에게는 큰 위로가 되고 도전이 되는 듯하다.

나와 함께 학습 공동체에 참여하시는 선생님들은 스스로 좋은 선생님이 되기 위해 노력한다. 자신의 수업을 반성적으로 들여다보기 위해 끊임없이 연구한다. 학급 운영 방법을 성찰하며 나의 부족한 부분이 무엇인지 찾고 앞으로 나아가길 원한다. 하지만 자신의 실수를 자책하며 힘들어하는 경우가 있다.

나도 스스로 낮게 평가하며 '나는 교사로서의 자질이 부족한 것 같다.', '학부모를 만나는 것이 너무 힘이 든다.'라는 생각이 든 적이 많다.

내가 번아웃이 왔을 때 나를 위로해주고 다시 일어날 수 있게 해준 건 동료들이었다. 나의 부족한 부분보다 잘했던 부분을 강조해주며 위로를 건네주는 동료 교사들이 옆에 있었다. 선생님들 덕분에 나의 부족한 모습뿐 아니라 강점을 찾아낼 수 있었다. 선생님들 덕분에 어려움을 이겨내고 16년간의 교직 생활을 열심히 하고 있다.

"실패는 낙담의 원인이 아니라 신선한 자극이다."라는 말이 있다. 토머스 서턴의 명언이다. 의욕을 가지고 새로운 시도를 한 사람만이 낙담할 수 있는 기회를 얻을 수 있다. 토머스 서던의 명언처럼 실패는 신선한 자극이 된다. 나에게 주어진 신선한 자극이 많을수록 더 앞으로 나아갈 수 있다. 나는 이 말을 기억하며 시행착오에서 오는 스트레스를 겸허히 받아들이고자 했다. 나의 모든 시행착오가 다른 선생님에게 위로가 되었다. 나에게는 꿈을 향해 성장해나갈 수 있는 동력이 되었다. '모든 과정은 내가 성장하기 위해 일어난다.'라고 받아들이면 한 뼘 더 성장해나갈 수 있다.

02

모든 것을 다 해낼 수는 없어요

"선생님, 우리 반 유아는 자꾸 구석에서 자위를 해요."

"다른 유아들도 있는데 혼자 자위를 하는 유아를 어떻게 지도해야 할지 모르겠어요."

"선생님, 우리 반 유아는 급식을 먹지 않아요."

"학부모님은 집에서 조금 더 밥을 먹이겠다고 하시는데, 정말 새 모이처럼 밥을 먹어요."

"점심마다 이 유아를 굶겨야 하나, 조금이라도 설득하며 먹여야 하나 고민이 돼요."

"선생님, 우리 반 유아는 무엇이든 자기주장대로만 해야 해요."

"다른 친구의 의견을 들어주면 참지를 못해요."

"선생님, 우리 반 유아는 친구에게 '죽을래?' 폭력적인 말과 행동을 해요."

"선생님, 저희반 유아는 감정기복도 심하고 약한 친구를 때리며 괴롭혀요."

"선생님, 우리 반 유아는 도벽이 있어요. 친구의 물건을 자꾸 가져가요."

선생님의 눈을 피해 자위를 하는 유아, 음식 편식이 심해 급식을 거부하는 유아, 자기중심적 사고가 강해 무엇이든 자기주장대로만 해야 하는 유아, 유치원 등교를 거부하는 유아, 대집단 활동에 참여하지 못하고 계속 돌아다니는 유아, 친구에게 거친 말과 폭력을 휘두르는 유아, 도벽이 있는 유아 등 모두 특별한 관심과 지도가 필요한 유아들이 각반에 한 명 이상씩은 있다.

문제 행동 유아를 만나면 교사들은 당황스럽고 힘들다. 맡은 유아들이 많은데 문제 행동 유아까지 지도하기에는 힘이 벅차다고 느껴질 때가 있다. 그래도 선생님들은 한 명도 놓치지 말자는 의지로 세심하게 유아들을 지도한다.

얼마 전 유아들의 문제 행동으로 힘들어하는 교사들과의 모임을 갖게 되었다. 선생님들과 나는 문제 행동 지도 방법 및 생활 지도 방법에 대해 함께 공부하며 연구했다.

우리는 대학 교수님과 현직 교사들의 전문가 강의를 통해 문제 행동이 있는 유아들의 특성을 파악하고 해결 방법을 찾아보았다. 교수님께 배운 이론을 실전에 접목하기 위해 노력했다. 감정 코칭과 나 전달법으로 교사의 감정을 적절하게 표현하는 방법도 배워 보았다.

가정에서는 한 아이를 키우는 것도 버거운데 우리 선생님들은 많은 유아들을 지도하며 한 명 한 명 세심하게 지도하시는 그 열정이 너무나 아름다워 보이고 존경스러웠다. 선생님들의 노력 덕분에 짧은 시간이었음에도 불구하고 유아들에게는 대부분 긍정적인 변화가 시작되었다. 긍정적인 변화를 보이는 유아들을 보며 선생님들은 감동을 받았고, 교사로서의 자존감도 회복되어갔다.

그러나 우리가 지도 방법을 바꾸며 지도한 시간이 짧았기에 변화가 더

디게 일어나는 유아들도 있었다. 선생님들이 고민하고 노력하였지만 가정과의 연계가 더 많이 필요한 친구도 있었다.

나는 더디게 변하는 유아들의 모습을 보며 고민하는 선생님께 위로의 말을 전했다. "유아들의 더딘 변화에 자책하고 무너지지 마세요. 나의 노력에도 불구하고 변화되지 않는 유아들을 만나기도 합니다. 우리의 노력이 지금 당장 좋은 결과로 나타나지 않아도 실망하면 안 돼요. 우리가 모든 것을 다 해낼 수는 없어요. 우리가 유아들을 지도할 수 있는 시간은 1년밖에 없습니다. 우리 유아들이 선생님을 만나기 전 고착된 환경과 태도로 인해 쉽게 변화되지 않을 수 있어요. 지금 우리가 돕지 못한 것처럼 느끼실 필요는 없어요. 분명 선생님들의 노력한 결과가 우리 유아들의 행동을 변화시키는 작은 씨앗이 될 수 있음을 기억하며 힘내셔야 해요."

내가 이렇게 선생님들께 위로를 전할 수 있었던 이유는 나의 노력이 1년 후, 2년 후, 5년 후 꽃피워 바르게 잘 성장한 유아들을 그동안 많이 만났기 때문이다.

10년 전에 지도했던 유아 중에 너무나 소심했던 A라는 남자 친구가 있었다. 왜소했던 A는 친구들과 거의 상호 작용이 없었다. A에게 내가 질문이라도 하면 울음부터 터트렸다. 작은 일에도 긴장을 했고 자신의 의

사를 표현하는 것도 어려워하였다.

A의 학부모님을 상담하며 A의 성향이 왜 그런지 알 수 있었다. 엄마의 성격이 고스란히 A의 성격이었다. A의 엄마 역시 나를 만나 상담하는 것조차 어려워하였다. 나는 A라는 친구가 자신감을 가지고 자신의 의사를 표현할 수 있게 하기 위해 많은 노력을 했었다.

나는 A에게 작은 성공의 경험을 쌓아주기 위해 친구들보다 더 쉽게 해낼 수 있는 놀이를 제안했었다. 친구들과 함께하는 미술 활동도 그림이나 만들기 재주가 없어도 쉽게 할 수 있는 활동을 준비했었다.

특히 A가 자신감을 가질 수 있도록 친구들 앞에서 A의 장점을 말해주고, 도전할 수 있는 기회를 많이 제공하려고 노력하였다. A는 교사인 나와도 이야기하는 것을 힘들어했기에 나는 편지 쓰기 영역을 만들어 응원의 편지를 자주 보냈었다.

나는 A의 어머님께 심리 상담도 권유했지만 가정 형편으로 인해 할 수 없었다. 아마 A의 어머니 역시 성향이 비슷했기 때문에 선생님의 권유에 선뜻 나서지 못했던 부분이 있었던 것 같았다.

A는 졸업 때까지 크게 좋아지지는 않았다. 나에게 미소를 지어보이는 횟수가 늘어났고, 울음으로 표현하는 횟수가 줄었지만, 친구들과 떠들고 웃는 모습은 볼 수 없었다.

졸업 후에도 나는 A가 많이 생각이 났다. 졸업하여 초등학교에 올라간 친구들이 유치원에 놀러 오면 꼭 A는 어떻게 지내는지 물어봤다. 하지만 A의 모습은 크게 변화되지 않는 것만 같았다.

그런데 내가 다른 유치원으로 옮겨 근무를 할 때 A의 어머니에게 전화가 왔다. A의 어머님은 스승의 날에 내가 생각이 나서 전화를 했다고 하셨다. 평소 나와 대화하는 것도 어려워하던 어머님이었기에 너무나 놀랐고 반가웠다.

A의 어머님은 "학부모 상담 때 '어머님이 먼저 세상과 소통하시기 위해 노력하셨으면 좋겠어요.'"라고 했던 말이 기억에 남았다고 하셨다. 그 이후 자신의 소심했던 성격으로 힘들었던 학창 시절을 A도 겪게 할 수 없다는 다짐을 하셨다고 하였다. A의 어머님은 자신의 성격을 바꾸고 긍정적인 생각을 하기 위해 노력하였고, 덕분에 A도 밝아지고 있다고 연락을 주셨다. 나에게 꼭 A의 변화된 모습과 엄마의 모습을 알려주고 싶어서 용기를 내 전화를 했다고 하셨다.

나는 이 전화를 받고 가슴이 먹먹하며 울컥했고, 참 행복했다. 나의 정성이 그 순간에는 꽃피지 않았지만, 어머님의 끊임없는 노력으로 나의 바람이 이루어졌기 때문이다.

우리는 교사가 모든 것을 다 해낼 수 없음을 인정해야 한다. 우리가 유아들을 지도하는 동안 변화가 일어나지 않을 수 있음을 받아들여야 한다. 변화가 일어나지 않았다고 속상해하며 자책할 필요가 없다.

내가 교사로서 최선을 다했다면 나의 노력이 분명 변화의 씨앗이 되었으리라는 믿음을 가져야 한다. 내가 심은 변화의 씨앗에 다른 누군가 물을 주고, 빛을 내려주어 성장해나가리라 믿어야 한다. 내가 씨앗을 심었기 때문에 잘 성장할 수 있으리라 생각하며 나 스스로를 칭찬해줘야 한다.

교사도 쉴 틈이 필요해요

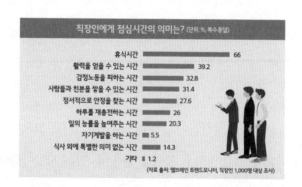

직장인에게 점심시간의 의미는? (단위: %, 복수응답)

휴식시간	66
활력을 얻을 수 있는 시간	39.2
감정노동을 피하는 시간	32.8
사람들과 친분을 쌓을 수 있는 시간	31.4
정서적으로 안정을 찾는 시간	27.6
하루를 재충전하는 시간	26
일의 능률을 높여주는 시간	20.3
자기계발을 하는 시간	5.5
식사 외에 특별한 의미 없는 시간	14.3
기타	1.2

(자료 출처: 엠브레인 트렌드모니터, 직장인 1,000명 대상 조사)

'직장인에게 점심시간의 의미는?'이라는 기사를 읽은 적이 있다. 직장인에게 점심시간은 휴식 시간, 활력을 얻을 수 있는 시간, 감정노동을 피하는 시간, 사람들과 친분을 쌓을 수 있는 시간, 정서적으로 안정을 찾는 시간, 하루를 재충전하는 시간이라는 통계 응답이 나왔다. 나는 이 통계를 보며 씁쓸한 웃음을 짓게 된다.

유치원 교사에게 점심시간이란 근무 시간의 연속이다. 유아들에게 급식을 배식하고, 유아들의 식사를 돕는다. 교사 혼자 20명이 넘는 유아들의 급식을 챙기고 있노라면 나는 밥을 허겁지겁 먹게 된다. 유아들은 나를 한 번 불러 도움을 요청하지만 나는 20번 이상을 일어나 도와주어야 한다.

급식 시간까지 유아들을 돌보며 점심을 먹다 보니 나의 밥 먹는 속도는 엄청 빨라졌다. 밥이 입으로 들어가는지 코로 들어가는지 모르게 정신없이 먹고 나면 유아들이 먹은 자리를 정리해야 한다. 가정에서 어린 자녀의 식사를 도와본 적이 있는 엄마, 아빠라면 그 강도가 어느 정도인지 알 것이다.

이처럼 점심시간을 정신없이 보내는 나는 이 기사를 읽으며 부러웠다. 점심시간이 휴식 시간이라니, 활력을 얻을 수 있는 시간이라니! 하루를 재충전하는 시간이라니!

내가 일반 직장인의 점심시간이 부럽다고 말하면 누군가는 그럴 것이다. 점심시간이 근무 시간에 포함되어 있으니 다른 직장보다 빨리 끝나 더 좋을 것 같다고 할 것이다. 점심시간이 근무 시간에 포함되어 있는 것은 맞다. 점심시간이 근무 시간에 포함되어 일반 직장인보다 조금 더 빨리 퇴근할 수 있는 것은 일부 공립 교사에게는 해당될 수 있다. 하지만 일반적으로 공립 유치원 교사도 사립 유치원 교사도 어린이집 교사도 점심시간이 포함되어 있다고 일찍 퇴근할 수 있는 여건은 되지 않는다.

8시간 이상을 집중해서 일하며 일의 능률을 높이려면 쉼이라는 시간이 필요하다. 하지만 유치원 교사에게 근무 시간 동안 쉼이라고 보장된 시간이 없다. 더군다나 유치원에는 교사 휴게실이 마련되어 있는 곳이 적다. 나는 유치원에 교사 휴게실이 마련된 곳을 지금껏 본 적이 없다. 혹시나 내가 알지 못하는 곳에 교사 휴게실이 있을 수도 있으니 '없다'는 표현을 쓸 수 없을 뿐이다. 공립 유치원과 사립 유치원, 어린이집 모두 아이들을 위한 유희실이나 잠자는 방도 마련되어 있지 않은 곳이 많기에 교사들의 쉼을 위한 공간이 마련되기 어렵다.

유치원 교사 대부분이 수업이 끝남과 동시에 업무를 본다. 유아들을 하원시키고 유치원 주변을 한 바퀴 돌며 산책할 마음의 여유가 없다. 수업이 끝나면 퇴근 전에 업무를 마무리하기 위해 컴퓨터 앞에 앉는다.

"나는 밖에서 볼 때는 우리 유치원 선생님들이 엄청 우아해 보였어요!"
"유치원에서 일을 해보니, 엄청 바쁘네요."

"이곳은 선생님들이 몸이 열 개여도 바쁘겠어요!"

"유치원 선생님들이 이렇게 바쁜 것을 누가 아냐고요!"

"그러게요, 누가 알아요!"

"우리가 항상 웃고 있으니, 다들 우리 일이 엄청 쉬워 보인대요!"

"화장실 한 번 일어나서 가기 힘들고, 물 한잔 마실 여유가 없이 바쁘게 일을 하는데….."

우리 유치원의 자원봉사자 할머니와 내가 나눈 대화이다. 이 대화를 마치고 원무실로 들어와 자리에 앉았는데 손에 일이 잡히지 않았다. 이렇게 바쁘게 정신없이 일하고 집으로 돌아가면 에너지가 방전된 것 같은 느낌이 든다.

유아교육의 질에 가장 많은 영향을 주는 요인은 교사이다. 교사는 교육을 통해 유아의 성장과 발달을 촉진시킨다. 유아기는 교사에게 의존하는 경향이 두드러지는 시기이다. 교육과 양육을 함께 지원하는 유치원 교사는 유아들에게 미치는 영향이 크다.

유치원 교사의 에너지 소진이 교육의 질에 많은 영향을 미치는 것은 당연하다. 교사가 소진되어 있다면 유아들에게 좋은 영향을 줄 수 없다. 유치원 선생님들의 에너지가 소진되지 않기 위한 노력이 필요하다.

유치원 교사들이 수업을 마친 후 잠시라도 휴식 시간을 가질 수 있도록 제도적인 뒷받침이 필요하다. 교사들이 수업을 마친 후 자신의 감정을 되돌아보고 회복시킨 후 업무를 추진할 수 있는 '쉴 틈'이 필요하다.

더 어린 유아들을 돌보는 어린이집 보육교사에게는 휴게 시간이 제도적으로 마련되어 있긴 하다. 어린이집에 근무하는 선생님들은 그 휴게 시간으로 겪는 어려움이 더 크다고 들었다. 선생님들이 휴게 시간을 편안히 갖기 위해서는 담임 선생님들을 대신해 영유아들을 돌볼 대체 교사가 필요하다. 그러나 열악한 근무 환경에서 대체 교사는 없다. 환경이 지원되지 않으면서 무조건 휴게 시간을 편성하라는 지침은 선생님들을 더 힘들게 하는 정책이 되어버렸다.

어린이집과 유치원 모두 선생님들이 소진되어 번아웃되지 않도록 쉴 수 있는 여건이 마련되어야 한다. 유치원 교사들은 아파도 쉴 수가 없다. 아파도 유아들을 돌보기 위해 출근한다. 교사들은 모든 에너지를 유치원에 쏟으며 유아들을 지도하기 위해 노력하지만 제도적으로 아직 채워지지 않는 부분이 너무나 많다.

초중등학교는 전담 교사가 있어 교사가 병가를 내면 보결을 들어간다. 그러나 유치원에는 보결을 들어갈 수 있는 전담 교사가 대부분 없다. 단설 유치원의 경우 전담 교사가 마련되어 있지만 그 수도 넉넉하지 않다.

유치원 교사들이 아프면 쉴 수 있는 대체 교사 제도가 마련되어야 한다. 교육청에 상주하며 대체 교사가 필요한 유치원에 파견될 수 있는 교사가 마련되었으면 좋겠다.

유치원 교사들이 근무 시간 동안 일정 시간 동안 재충전하며 쉴 수 있는 시간이 마련되었으면 좋겠다. 수업 시간 동안 지친 몸과 마음을 잠시 쉴 수 있는 시간과 공간이 각 유치원마다 제공되길 바란다.

나는 나의 스트레스를 관리하기 위해 감정 상태를 표시하는 감정 온도계를 체크한다. 나의 스트레스 지수가 높을 때가 언제인지, 평온할 때가 언제인지 파악해보는 과정이 필요하다. 나의 감정 상태의 스트레스 지수가 높을 때 스트레스를 낮출 수 있는 방법이 필요하다.

나는 나의 감정 온도계 에너지가 바닥으로 내려가 있을 땐 퇴근 후 바로 집으로 들어가지 않는다. 지친 몸으로 퇴근하여 집으로 다시 출근하면 상냥하지 못한 엄마의 모습으로 내 아이들을 만나게 된다. 나의 가족에게 번아웃된 감정을 전달하지 않으려고 노력한다.

나는 퇴근 후 10분 정도 나만의 공간이 되는 차 안에서 심호흡을 하고, 명상하며 기분 좋은 음악을 한 곡 듣고 집으로 들어간다. 유치원에서 소진된 나의 에너지를 조금이나마 충전하여 가족과 즐거운 저녁 시간을 보내기 위한 노력이다.

선생님들도 자신에게 쉴 틈을 마련해주어야 한다. 에너지가 소진되기 전에 채울 방법 등을 찾아야 한다.

동료 선생님들에게 자신에게 쉴 틈을 마련해주어야 한다고 제안하면 다들 퇴근하기도 바쁘다, 가정을 챙기기도 버겁다고 말한다. 정말 그렇다. 유치원 퇴근과 동시에 집으로 출근하는 많은 선생님들이 계신다.

우리가 계속 유치원에서 유아들을 돌보고, 가정을 돌보느라 나를 돌볼 여유를 갖는 것이 어렵다. 이 상황을 그 누구보다 잘 알기에 선생님들의 볼멘소리에 고개가 끄덕여진다. 그럼에도 불구하고 나의 감정 에너지를 관리할 수 있는 시간은 반드시 필요하다.

04

옆 반 선생님과 비교하지 말아주세요

"선생님, 옆 반 환경구성 봤어요? 아주 깔끔하게 잘해놨네요. 손재주
가 좋아요."

"옆 반 유아들은 얼마나 차분한지, 유아들은 담임을 닮는다는데, 진짜
그렇네요."

교실을 둘러보시던 원장님께서 나에게 말을 거신다. 우리 교실의 환경
구성 및 유아들의 특성에 대한 언급도 없이 옆 반 선생님의 칭찬만 늘어
놓는다. 도대체 왜 이런 말씀을 나에게 하시는 걸까? "우리 반 환경구성
은 이상하다는 거예요?", "우리 반 유아들은 차분하지 않다는 거예요?"

이렇게 묻고 싶다. 하지만 꾹 참고 내뱉지 못한다.

"교사 간의 경쟁이 있어야 서로 열심히 일을 하지!" 하는 말을 들을 때가 있다. 이런 말을 들으면 사기가 떨어진다. 나름 최선을 다해 열심히 했지만, 나도 모르게 외부로부터 받는 평가에 신경을 쓰게 된다. 이런 말을 들으면 내 모습을 바르게 보기가 어렵다. 나의 기준이 아닌 다른 사람의 기준에 나의 모습을 평가하고 우리 반 유아들을 평가하게 된다. 충분히 잘하고 있음에도 불구하고 자존감이 떨어진다. 자신 있게 학급을 운영하고 싶지만, 옆 반 선생님의 시선과 원장님의 시선을 떨쳐버리기가 어렵다.

많은 선생님들이 이와 같은 경험이 있을 것이다. 나 역시 동료와 비교당해 힘들었던 경험이 있다. 동료와 비교당하며 겪는 어려움을 토로하는 것은 볼멘소리의 단골 메뉴이다. 타인과의 비교는 나의 자존감을 낮아지게 만든다. 낮아진 자존감은 타인이 아닌 나 스스로 다른 사람과 비교하며 위축되게 만들기도 한다. 낮아진 자존감을 회복하기 위해서는 스스로 비교하는 것을 멈춰야 한다. 유아교육기관에서도 선생님들을 서로 경쟁시키며 비교하는 조직 풍토는 개선되어야만 한다.

「집단 자존감과 기관 풍토가 유아 교사의 소진에 미치는 영향」(이지연, 2017)에 의하면 기관의 풍토가 교사들의 집단 자존감에 큰 영향을 미친다고 밝히고 있다. 교사들의 직무 만족도에 가장 큰 영향을 주는 것은 조직 안에서 교사 스스로가 느끼는 자기 존중감으로 나왔다. 교사들은 조직에서 '스스로 가치 있는 사람이다.'라고 인정받을 때 직무 만족도가 높은 것으로 나타났다. 이처럼 누구나 비교가 아닌 내가 가치 있는 사람으로 인정받길 원한다. 교사들의 직무 만족도를 높이고 교사의 자존감을 높여주기 위해서는 비교와 경쟁이 아닌 가치 있는 사람으로 인정받는 것이 중요하다.

선생님들이 유치원에서 즐겁게 일할 수 있는 환경은 어떻게 조성할 수 있을까? 조직에서 스스로 가치 있는 사람으로 받아들여지는 환경을 어떻게 조성할 수 있을까? 나는 이 해답을 어울림학습공동체에서 찾았다.

내가 참여하고 있는 어울림 학습 공동체는 선생님들이 수업을 나누며 자신의 모습을 돌아보는 성찰의 시간을 갖는다. 우리의 어울림 학습 공동체에는 수업 나눔과 성찰의 시간에 지켜야 할 특별한 약속이 있다.

그 특별한 약속은 동료 교사의 수업을 보면서 절대 비평하지 않는다는 것이다. 선생님들은 동료 교사의 수업 발표를 보면서 잘하고 못함을 따지지 않는다. 오직 내가 공감된 부분에 집중한다. 수업을 발표하는 교사는 내가 수업을 연구하면서 어려웠던 점과 고민에 대해 말한다.

내가 잘하는 수업을 다른 교사들에게 보여주며 평가받는 시간이 아니라, 오로지 나의 수업 역량을 키우는 것에 집중한다.

이렇게 타인과 비교하지 않고 나의 수업의 성찰에 목적을 둔 이유는 간단하다. 내가 내 수업에 대해 가장 많은 고민을 하고 있으며, 문제를 해결할 수 있는 해답을 스스로 찾을 수 있기 때문이다.

다른 선생님의 수업을 참관한 후 피드백을 나누는 시간에 "저라면 이렇게 지도할 것 같아요."라며 비평을 시작하는 선생님들이 계신다. 자신의 경험과 노하우를 전달하기 위한 목적으로 비평을 시작하기도 한다. 또는 자신의 수업 역량을 드러내기 위해 비평하는 선생님들도 있다. 그러나 수업에 대한 피드백을 듣는 교사의 입장에서 다른 선생님의 비평은 어떻게 들릴까?

나는 나의 수업 역량을 높이기 위해 자주 수업을 공개한다. 관내 선생님들에게도 공개하고, 어울림 학습 공동체 선생님들께도 공개한다. 또한 연수원과 관내 교육청 연수에 실천 사례로 소개하기도 한다.

나의 수업을 보고 피드백을 해주는 선생님들의 이야기는 모두 다 소중하다. 그러나 간혹 수업에 대한 비평이 해명의 자리가 되기도 한다. 선생님들이 전해주시는 노하우를 적용해보고 싶어도 나의 수업에 딱 맞게 적용하는 것에 어려움을 느낄 때가 있다.

선생님들의 피드백을 들으며 속으로 '나도 안다고! 하지만 안 되는 걸

어떡하냐고!' 하며 반감이 들기도 했었다. 나의 자격지심이었겠지만, 솔직히 다른 선생님들의 충고가 나에게 상처가 되는 말로 들린 적이 더 많았다.

'연애를 글로 배웠어요. 육아를 책으로만 배웠어요!' 하는 우스갯소리가 있지 않은가! 나의 상황을 알고 나의 고민이 무엇인지 책 속에서 찾기 어려운 경우가 많다는 것이다.

옆 반 선생님의 교실 속 상황과 나의 교실 속 상황이 다르다. 같은 연령이라도 남녀 성비가 다를 수 있다. 성격이 급한 유아들이 많을 수 있다. 평균보다 더 활발한 성향을 가진 유아들이 많을 수 있다. 또래보다 늦게 성장하는 유아들이 많을 수도 있다.

가장 중요한 것은 옆 반 선생님과 내가 다르다는 것이다. 옆 반 선생님은 차분한 활동을 잘할 수 있지만 나는 활동적인 수업을 더 잘할 수 있다. 옆 반 선생님은 유아들의 작품이 빛나도록 환경구성을 잘할 수 있겠지만, 나는 유아들의 마음을 읽어주는 상호 작용을 잘할 수 있다.

나는 어느덧 중견 교사로서 다른 선생님들의 수업을 보며 피드백을 주어야 하는 위치가 되었다. 나는 선생님들의 수업을 컨설팅할 때 옆 반 선생님과 나를 비교하지 말라고 항상 말한다. 내가 고민하는 문제가 옆 반 선생님의 고민과 절대 같을 수 없다. 내가 나의 문제를 가장 잘 알고 있기 때문에 옆 반 교사와 비교하며 그 해답을 찾지 말라고 지도한다.

나는 선생님들이 자신의 모습을 다른 사람과 비교하지 않고 객관적으로 들여다볼 수 있도록 질문을 많이 하는 편이다. 선생님의 수업에 대한 평가보다 스스로 자신의 모습을 객관적으로 성찰할 수 있는 기회를 주고 싶기 때문이다. 그리고 될 수 있는 한 부족한 점이 아닌 선생님의 장점이 극대화될 수 있도록 응원을 한다.

다른 사람과 비교하여 부족한 점을 보완하는 것도 중요하지만 장점을 극대화시키는 것이 더 중요하다고 생각한다. 잘 안 되는 부분, 못하는 부분을 보완하려고 노력하는 것보다 나만의 장점을 극대화하는 것이 훨씬 좋다. 내가 잘하는 부분이 부족한 점을 커버할 수 있다.

"자신을 이 세상 누구와도 비교하지 마라. 만약 그렇다면 그것은 스스로를 모욕하는 것이다." 마이크로소프트 창업자 빌 게이츠의 말이다. 나를 성장시키는 것은 타인과의 비교가 아닌 나 자신의 발전에 초점을 맞추는 것이다.

다른 사람의 시선에 나를 가두지 말아야 한다. 유아들의 단점보다 장점에 초점을 맞춰 지도하듯이, 교사인 나도 내가 잘하는 것에 초점을 맞춰야 한다. 나의 부족한 점이 있다면 내가 나의 장점을 인정하듯 받아들이면 된다. 다른 선생님과의 비교로 위축되는 것이 아니라 내 안의 부족한 부분이 채워질 수 있도록 노력하면 된다.

누군가 옆 반 선생님과 나를 비교한다면 당당히 "다른 사람과 비교하지 마세요!"라고 말해야 한다. 이것이 조직문화에서 나를 지키고, 내가 스스로 가치 있는 사람으로 인정받는 길이다.

서로 비교하고 경쟁하는 문화가 아닌 서로를 인정하고 받아주는 문화가 형성되도록 노력해야 한다. 비록 나의 용기가 큰 결과를 가져오지 않더라도 작은 변화들이 모여 변화의 물살을 만들어내리라 믿는다. 나의 도전과 용기가 다른 사람들에게 희망의 씨앗이 되리라 믿는다.

05

거절할 수 있는 용기도 필요해요

평소 친하게 지내던 사립 유치원 A 선생님께 전화가 왔다.

"선생님, 제가 밀접 접촉자가 되었어요. 2주간 자가격리에 들어가게 되었어요. 다행히 음성이 나왔지만 밀접 접촉자여서 유치원에 출근을 할수 없어요. 유치원 원장님이 저보고 대체 교사를 구하라고 하세요. 그리고 대체 교사의 급여를 제 월급에서 지급하겠다고 하시네요. 너무 억울해요. 이거 어떻게 해야 해요? 이것보다 더 억울한 것은 급여가 낮아 대체 교사가 구해지지 않으니 동료 선생님들에게 다 같이 십시일반 돈을 모으라고 하셨어요. 급여를 높게 책정해서 대체 교사를 빨리 구하라는 거예요. 저희 너무 속상해요. 하지만 이런 상황에서 불합리하다고 말씀을 드릴 수가 없어요. 곧 내년에 근무를 계속 할 수 있을지에 대한 상담이 있는 시기여서 모든 선생님들이 속상해도 말을 할 수 없어요."

전화 통화를 마친 후 어떻게 이런 일이 있을 수 있나 싶었다. 밀접 접촉자가 되어 심적으로 어려움을 겪는 선생님에게 어떻게 이런 짐을 지울 수 있을까?

원장님도 코로나로 인해 유치원 운영에 어려움이 있을 수 있다. 예상하지 못했던 대체 교사의 급여로 인해 유치원 운영에 어려움이 있을 수 있다. 하지만 교사의 잘못이 아닌 일까지 교사에게 모든 책임을 전가한다는 것은 있을 수 없는 일이다.

나는 이 전화를 듣고 속상해하는 A 선생님에게 아무런 도움이 될 수 없었다. A 선생님께 직장 내 괴롭힘으로 신고를 해야 하는 것이 아니냐고 물었다. 하지만 매년 계약을 하고 근무를 해야 하는 사립 유치원의 교사의 입장에서 갑질 신고는 꿈도 꿀 수 없는 현실이었다.

이런 직장 내 갑질 사건은 비단 사립 유치원에만 일어나는 일은 아니다. 공립 유치원에도 직장 내 갑질은 심심치 않게 일어난다. 경기도 교육청에서 발표한 갑질 및 부당업무 지시 사례집의 내용을 살펴보면 교육현장에서 부당한 일이 자주 일어나고 있음을 알 수 있다. 사례집에는 유치원에서 벌어지는 부당한 인사에 대한 지시, 비인격적 대우, 기관 이기주의, 업무 불이익, 부당한 민원 응대 등 여러 갑질 사례가 나온다.

B 유치원 원장님은 자신의 교원능력개발평가의 점수가 낮다는 이유로 담임 교사들을 돌아가며 면담하고, 점수를 낮게 준 선생님을 물색하였다. 또한 유아들의 안전을 위해 설치된 CCTV를 원장님 모니터에 연결하여 교사들의 근무태도를 수시로 확인하며 감시하였다.

C 유치원 원감님은 육아휴직을 써야 하는 교사에게 폭언을 하며 수치심을 느끼게 하였다. 사회적으로 보장된 휴직과 휴가 기간을 인정받지 못하는 교사들도 있었다.

이처럼 직장 내 괴롭힘에 해당하는 일이 비일비재하게 현장에서 일어나고 있지만 공립 유치원 교사들도 자신의 목소리를 내어 직장 내 괴롭힘을 신고하는 것이 쉽지 않다.

직장 내 괴롭힘을 신고한 교사들에게 '원장님을 신고한 교사들'이라는 꼬리표가 붙기 때문이다. 함께 일해보지 않고, 그 속사정을 알지 못하는 교사들의 가십거리로만 이야기가 돌고 도는 경우도 보았다. 다른 유치원의 이야기가 와전되어 결국 피해자만 상처를 받는 경우도 보았다.

교사들은 자신의 인사와 평가권을 가지고 있는 관리자에게 불만을 말하기 어렵다. 오히려 직장 내 괴롭힘을 신고한 교사가 낙인이 찍혀 다른 유치원으로 이동조차 할 수 없어 사표를 내는 경우도 보았다. 이처럼 피해자가 오히려 불이익을 받는 선례를 보며 교사들은 힘들어도 참고 인내할 수밖에 없는 현실이 안타깝다.

유아교육기관의 갑질은 폭언, 폭력으로 표현되지 않는 경우도 많다. 부당한 업무 지시로 나타나는 경우가 훨씬 많다. 나는 유아교육기관을 위한 행사로 포장되어 있는 부당한 업무지시의 이야기를 듣고 우리 유아교육기관의 현실을 한탄한 적이 있다.

이 사례는 영아 전담 D 어린이집의 사례이다. 내가 만나게 된 D 어린이집에서 일하는 Y 교사는 교사들에게 요구되는 부당한 행사에 대한 이야기를 전해주었다. Y 교사는 D 어린이집에서 0세 미만의 학급 담임으로 근무를 하고 있다. 영아 전담 어린이집이기 때문에 영아들이 안전하고 건강하게 성장할 수 있도록 보육에 전념해야 하는 곳이다. 하지만 D 어린이집은 기관의 홍보와 영아 모집을 위해 부모들을 위한 다양한 이벤트 활동이 매달 이루어지고 있다. 이런 행사가 변질되어 어린이집 교사에게 부당한 역할을 담당하게 하는 경우가 발생하였다.

D 어린이집 원장은 7080 추억의 레트로 이벤트로 어린이집 교사들에게 7080 시절의 여고생의 교복을 입게 하였다. 선생님들은 영아들을 안

으며 팔을 들기도 어렵고 일어나는 것조차 버거운 여고생의 교복을 입고 이벤트를 진행해야만 했다.

선생님들은 불편한 옷을 입고 7080 레트로 분위기를 자아내며 뻥튀기를 튀기고 치킨을 튀겨 학부모에게 이벤트를 벌였다.

D 어린이집 원장님은 학부모님들에게 특별한 이벤트로 즐거움을 주었겠지만, 이에 동원된 교사의 입장에 대해 생각해보았을까?

앞 장에서도 언급했듯이 우리나라 유아교육기관은 영아와 유아를 모집하기 위해 경쟁해야만 하는 체계이다. 출산률의 감소로 유아의 수가 줄어들며 어린이집, 유치원의 유아들을 모집하기 위해 다양한 이벤트를 경쟁적으로 할 수밖에 없다.

유치원에서 이루어지는 행사가 유아 모집의 흥행을 위한 도구로 사용되어서는 안 된다. 유아들의 성장과 발달에 초점을 맞추며 교육적으로 필요한 행사로 진행되어야만 한다.

유치원에서 벌어지는 부당한 대우와 요구 및 행사로 인해 어려움을 겪고 있는 교사를 볼 때마다 속상하다. 갑질 신고제도가 있지만 갑질 신고가 모든 것을 해결할 수 없다. 갑질이라는 단어가 어색해지는 사회적 분위기가 형성되기 바란다.

관리자와 경영자들의 의식이 변해야 한다. 교사를 고용된 직원으로 바라보는 시선의 변화가 필요하다. 또한 유아교육이 이렇게 경쟁하듯 유아를 모집해야 하는 시스템이 바뀌어야 한다. 교육의 사각지대에 놓인 유아교육기관에 대한 재정비가 필요하다.

교사는 기관장 앞에서 약자이다. '계란으로 바위 치기'라는 말이 있듯 우리가 약자의 입장에서 외치는 말들이 넋두리로 그칠 수 있다.

그럼에도 불구하고 교사는 부당한 대우에 거절할 수 있는 용기가 필요하다. 혼자의 힘으로는 하기 어려울 수 있다. 우리가 근무하는 직장의 분위기가 바뀌기 어려울 수 있다. 하지만 유치원의 문화가 바뀔 수 있도록 서로 용기를 내야 한다.

"아무것도 하지 않으면 아무 일도 일어나지 않는다."라는 명언이 있다. 불만이 가득하지만 아무것도 하지 않는다면 나의 자리는 그냥 그곳에 머물러 있을 수밖에 없다.

관리자, 경영자와 함께 교사들이 유아교육기관의 변화를 이끌어야 한다. 민주적인 분위기로 형성된 유아교육기관이 혁신 유치원이다. 유치원의 비전과 목표가 민주적인 분위기에서 조성되도록 교사들도 목소리를 내야 한다.

교사들이 목소리를 내며 변화를 이끌고 있는 민주적인 유치원 문화가 형성되길 꿈꾼다. 관리자와 경영자의 유치원이 아닌, 유치원에서 함께 살아가는 유아와 교사, 관리자 및 경영자가 모두 함께하는 민주적인 분위기가 만들어가는 문화가 되길 바란다.

06

선생님도 존중받으면 더 잘해요

"아휴~ 선생님~! 아직도 이것밖에 못해요?"

"경력이 이만큼인데, 아직도 이렇게 모르면 어떡해요."라는 말을 듣는다면 어떤 기분이 들까? '아! 내가 부족하구나~! 더 열심히 노력해야겠다.'라는 생각이 들까? 아니면 이렇게밖에 못하다니, 능력이 없나 봐!' 하며 주눅이 들까?

나는 후자이다. 이런 말을 해준 동료나 관리자가 걱정해서 해준 말이라도 해도 기분이 나쁘다. 잘한 것보다 못한 것에 더 초점이 맞춰진다면 의욕이 떨어지고 자존감이 낮아진다.

유아들도 선생님도 노력한 것에 대한 인정을 받아야 성장한다. 나는 우리 반 유아뿐 아니라 나와 함께 일하는 선생님들에게도 장점을 찾아 칭찬하려고 노력한다.

"선생님, 제가 잘해요?" 눈을 동그랗게 뜨며 한 유아가 나에게 묻는다.

"그럼, 처음에는 그림을 못 그리겠다고 했었잖아. 매일 연습하니깐 많이 좋아졌네!" 그림 그리기가 자신 없다며 투덜거리던 유아가 하루가 다르게 성장한다.

『칭찬은 고래도 춤추게 한다』라는 책이 한동안 유행을 했었다. 이 책이 유행할 무렵 학부모 상담을 하면 나는 항상 학부모에게 이렇게 말했다.

"어머님, 칭찬은 고래도 춤추게 한다는 말 들어보셨죠~!"

"아이들의 작은 노력도 칭찬해주세요. 결과가 아닌 과정을 충분히 칭찬해주세요."

"아이들은 믿어주는 만큼 성장합니다. 부모가 믿어주고, 선생님이 믿어주면 바르게 성장해요."

나는 이 말을 믿는다. 지나친 칭찬은 역효과를 불러일으킨다고 하는 사람도 있다. 그건 칭찬하는 목적이 달랐거나, 칭찬 방법이 잘못되었을 때 나타나는 역효과이다. 유아들의 노력과 성장의 변화 과정에 초점을 맞춰 칭찬을 한다면 지나친 칭찬은 없다.

나는 3월 초 우리 반 유아들을 모아놓고 나의 꿈에 대해 얘기하는 시간을 갖는다.

"선생님은 너희와 행복하고 즐겁게 보낼 거야. 우리 반 친구들은 모두 스스로 내가 하고 싶은 놀이를 잘 찾아서 할 수 있게 될 거야. 잘 안 된다고 속상해하는 친구도 없을 거야. 선생님과 너희가 함께 노력하면 즐겁게 보낼 수 있기 때문이야."

나는 믿어주는 만큼 성장하고, 그 기대만큼 노력하게 되어 있다고 생각한다.

동료 선생님들이 "선생님은 뭐든지 다 잘한다고 하세요~" 하면서 웃으며 지나간다. 하지만 나는 뭐든지 다 잘한다고 말한 적이 없다. 유아들에게 하듯이 선생님들의 작은 변화를 찾기 위해 노력했다. 선생님들의 노력이 빛이 나도록 동기부여를 하는 것뿐이다.

내가 선생님들의 변화 과정을 찾아 칭찬하는 이유는 나 역시 칭찬과 인정을 받을 때 행복하고, '더 열심히 일해야겠구나!'라는 동기를 부여받기 때문이다.

나는 유치원 교사로서 내 일이 즐거울 때가 언제일까 생각해보면, 나역시 인정받고 존중받고 있구나! 느껴질 때이다.

우리 반 유아들이 작은 손으로 이제 막 한글을 배워 글씨를 삐뚤삐뚤 썼지만 "선생님, 사랑해요."라고 보낸 러브레터를 보면 눈물이 핑~돈다.

이 글을 배우는 데 얼마나 많은 노력을 했을까! 열심히 배운 한글로 나에게 이렇게 마음을 표현해주다니! 그 마음이 너무나 귀하고 고맙다.

이렇게 편지를 받는 날이면, 하루 종일 나의 얼굴에 웃음이 떠나지 않는다. 유아들이 "선생님~"을 백 번 외쳐도 그 목소리가 귀엽고 사랑스럽다.

또 학부모님들에게 "선생님, 덕분입니다."라고 듣는 말은 나의 피로를 씻어준다.

"우리 아이가 선생님 덕분에 용감해졌어요. 어려운 일이 생기면 늘 울던 우리 아이가 힘들어도 끝까지 해보겠다는 말을 했어요."라는 말을 들을 때 가슴이 떨린다.

그 아이의 삶에 작은 용기의 씨앗을 심어준 것 같아 가슴이 벅차다. 이런 말을 들을 때 유치원 교사인 것이 자랑스럽고 행복하다.

그리고 유치원에 입학을 신청하는 학부모님들이 "선생님, 이야기를 많이 들었어요. 선생님 믿고 우리 아이 이곳에 보내고 싶어요~"라는 말을 들었을 때 행복감을 느낀다. 이런 말을 들었다며 나 스스로를 높이 치켜세우기 위함이 아니다. 내가 노력한 결과를 누군가 알아주고 있구나! 이 감정이 나를 행복하게 하는 것뿐이다.

이처럼 다른 사람에게 칭찬을 받고 인정을 받는다는 것은 삶의 내적 동기를 불러오고, 긍정적인 에너지를 갖고 온다고 믿는다.

타인의 입장보다 나의 입장을 먼저 생각하고, 나의 뜻대로 하고 싶어 하는 것을 '자기중심성'이라고 한다. 유아들은 발달 특성상 자기중심성을 갖고 있다. 유아들이 나와 타인의 입장을 구별하고, 배려하며 성장해나 갈 수 있도록 지도하는 것이 우리의 교육이다.

유아들에게 다양한 놀이 속에서 다른 사람의 입장에 대해 생각해보게 한다. 놀이 시 일어나는 갈등 상황에서 다른 친구의 감정과 기분을 생각 해보게 한다. 나의 기분과 생각을 상대방의 상황에 맞춰 말하는 태도를 기를 수 있도록 지도한다.

하지만 간혹 유아들과 비슷해 보이는 어른을 만날 때가 있다. 상대방 의 기분을 생각하지 않고 자신의 입장에서만 생각하고 말하는 경우를 본 다. 다른 사람의 입장에 대해 존중하지 않는 교사가 어떻게 교육자라고 할 수 있을까? 자신이 생각한 방법대로 되지 않는다고 감정 조절을 하지 못한다면 선생님이라 할 수 있을까?

나는 이처럼 교사 간에 서로를 지원하고 믿어주는 긍정적인 에너지를 주고받기 위해서는 유치원내의 민주적인 문화가 형성되어야 한다고 생각한다. 유치원의 민주적인 분위기를 어떻게 형성할 수 있을까?

우리 모두 이 해답을 알고 있다. 우리가 유아들에게 늘 하는 말이고, 우리가 지도하는 교육의 목표이기 때문이다.

다른 사람의 입장을 이해하려면 그 사람을 존중하는 마인드를 갖춰야 한다. "가는 말이 고와야 오는 말이 곱다."라는 말이 있지 않은가! "내가 대접받고 싶은 대로 다른 사람을 대접해라."라는 말도 있지 않은가! 이와 같은 옛말은 모두 상대방을 먼저 존중해야 한다는 뜻을 담고 있다.

서로 존중하고 배려하면 유치원 선생님들은 더 열심히 최선을 다해 유아들을 사랑으로 지도할 것이다. 유치원의 문화가 유아들에게 모델링이 되어 서로 존중하며 배려하는 유아들로 성장해나갈 것이다. 선생님들이 앞장서서 비교가 아닌 함께 성장해나가는 공동체를 만들어나갈 수 있도록 유치원 문화를 조성해야 한다. 유치원에서 태움으로 힘들어하는 교사가 없도록 서로의 마음과 상황을 챙겨주었으면 좋겠다. 나의 작은 배려와 사랑 나눔이 함께 일하는 선생님들의 마음을 위로할 수 있다.

07

다른 사람의 말을 지나치게 깊게 생각하지 말아요

나는 가끔 동료 교사에게 이런 이야기를 듣고는 한다.

"선생님은 은근히 까다로워."

"선생님은 너무 FM 스타일이야. 원칙을 너무 지키는 것 아니야? 융통성이 필요할 것 같아."

"선생님은 그러니 일복이 많지."

"꼭 그렇게 하지 않아도 다 돌아가."라는 말을 듣는다.

학부모에게도

"선생님, 이런 상황은 좀 융통성 있게 배려해주시면 안 돼요?"

"선생님은 깐깐하시잖아요."라는 말을 듣는다.

나는 원칙에 따라 행동하는 편이다. 원칙은 나에게 아주 중요한 기준이 된다. 많은 사람을 설득하고 이끌고 나가야 하는 상황에서 상대방의 상황을 일일이 배려하면 좋은 결과를 얻기 어려운 경우가 많다.

또한 다른 사람이 나의 행동에 대해 불만을 가질 때 원칙을 이야기하면 가장 설득이 잘된다. 일의 결과를 떠나 모든 과정에 순조롭게 모두에게 상식선에서 받아들여지기 위해서 나는 원칙을 고수한다.

이와 같은 말을 동료 교사와 학부모에게 들었을 때 처음에는 많이 당황스러웠다.

'융통성이 없다', '깐깐하다'라는 말이 내 안에 부정적인 단어로 인식이 되어 있었던 것 같다.

'내가 융통성이 없다고?', '왜 나한테 저런 말을 하지?', '같이 일하기 싫으면 말던가!', '일은 다 시켜놓고 왜 저렇게 말하지?'라며 부정적인 느낌이 강하게 들었다.

학부모에게도 '상황마다 융통성 있게 배려해달라고?', '배려를 안 해주는 것이 나쁜 것인가?'라는 생각이 들었다. 이런 말을 들으며 나는 부정적인 감정이 많이 올라왔다. '내가 다른 사람들을 힘들게 하나? 너무 융통성이 없다는 말이 사회성이 떨어진다는 것일까?'라는 생각이 꼬리에 꼬리를 물고 계속 나 자신을 부정적인 감정에 얽매이게 했다.

나는 타인의 평가에 연연했고, 해야 할 말도 하지 못했다. 내가 다른 사람에게 어떤 이미지로 받아들여지는지 신경을 많이 썼다. '내가 모든 사람에게 좋은 사람, 착한 사람으로 비치기를 원하나?'라는 생각이 들며 '착한 아이 콤플렉스'를 겪고 있는 것처럼 느껴지기도 했다. 주변 사람에 대한 나의 평가가 하루의 기분을 좌우하기도 했다.

그러나 이제는 타인의 평가를 나에 대한 평가로 받아들이지 않는다. 타인의 평가에 연연하게 되면 그것은 또 하나의 나를 속박하는 굴레가 된다는 것을 알게 되었다. 타인의 기준에서 좋은 쪽으로 판단하면 그 기준이 모호해진다. 이제 나는 누구에게나 환영받을 수 없고, 누구에게나 다 좋은 사람이 될 수 없다는 것을 안다. 모두에게 잘하는 사람이 아닌, 나와 통하는 사람과 즐겁게 관계를 맺으며 살아가고 싶다.

다른 사람이 나에게 지나가며 하는 말에 신경 쓸 필요가 없다. 그렇다고 해서 내가 다른 사람의 의견을 듣지 않으며 혼자 독불장군처럼 밀어붙인다는 것은 아니다. 항상 다른 사람과 함께 더불어 살아가야 하는 것이 사회이니 다른 사람의 입장을 이해하고 받아들이며 배려하는 것은 맞다. 다만 모든 기준을 다른 사람의 평가에 이끌려 살 필요가 없다는 것이다.

공립 유치원 교사들은 1년에 한 번 교원능력개발평가를 받는다. 교원능력개발평가의 목적은 교원의 전문성을 신장시키고 교사의 교육활동을 개선하기 위함이다. 교사들은 교원능력개발평가를 받기 위해 연 1회 이상 각각 관리자와 동료 교사, 학부모에게 수업을 공개하고 평가를 받는다.

교원능력개발평가로 1년간의 나의 학급 운영의 모습을 동료 교사, 관리자, 학부모에게 평가받는다. 그 결과를 피드백 삼아 다양한 연수를 듣고 전문성을 신장시키는 것이 목적이다. 하지만 교원능력개발평가가 취지에 맞게 운영되고 있는지 의문이 든다.

누군가에게 평가를 받는다는 것이 불편하기도 하지만 본인을 들여다보는 좋은 기회가 된다. 이런 긍정적인 의미로 교원능력개발평가가 지속적으로 유지되어 오고 있다.

그러나 이 과정에서 교사가 서로를 평가하는 것은 지나치게 신경 쓰인다. 교원능력개발평가가 나만 피드백을 보는 것이 아니라 관리자에게도 보고가 된다. 부정적인 피드백이 있을 때는 나를 움츠리게 한다.

"선생님의 정성과 사랑 덕분에 우리 아이가 잘 적응하고 다닙니다."

"아이들을 한 명씩 살피시는 선생님의 노력에 감사드립니다."

"선생님이 아이들을 바라보는 눈빛이 차갑다."

"선생님의 발음이 부정확한 것 같습니다. 표준말을 사용하시면 좋겠습니다."

교원능력개발평가의 주관식 서술에 이와 같은 글이 달린다. 교사도 사람인지라 긍정적으로 평가해주는 학부모와 동료가 있다면 기분이 참 좋다. 인정받는 것은 누구에게나 기쁜 일이기 때문이다.

긍정적인 평가가 많은 해에는 '내가 잘 살았구나!', '나의 열심을 인정받았구나!' 하며 자랑스러울 때가 있다. 긍정적인 피드백과 부정적인 피드백이 같이 들어올 때 부정적인 피드백에 더 시선이 닿는다. 부정적인 피드백은 나의 내면을 흔들어놓을 때가 있다.

'내 눈빛이 차갑다고?, 차갑다는 말은 객관적이지 않은 말이잖아!'

'내 발음이 정확하지 않다고? 표준말을 사용하면 좋겠다고?'

일부 학부모와 동료 교사의 부정적인 피드백이 마음에 비수처럼 꽂힌다.

교원능력개발평가가 나의 전체적인 평가가 된 것처럼 느껴지며 자괴감에 빠지게 될 때가 있다. 이런 느낌은 나만 느끼는 것은 아니다. 학부모와 동료 교사, 관리자의 평가를 받으며 자괴감에 빠져 교원능력개발평가 결과서를 읽지 않고 넘어가는 교사들이 늘어나고 있다.

낮게 나온 점수를 보완하여 연수를 통해 전문성을 향상시키려는 마음보다 나는 왜 이렇게밖에 평가받지 못하지 하며 낙담하고 기운이 빠질 때가 더 많다.

외부의 평가를 통해 낮아진 자존감을 회복하기 위해서는 내 안의 나를 사랑하는 마음을 더 키워야 한다. '나를 부정적으로 평가하는 것은 전체가 아니고 지나가는 일부이다.'라고 인정하는 태도가 필요하다.

나를 부정적으로 평가한 말을 내가 받아들일 수 있는지 객관적으로 평가해보자. 나를 낮게 평가하는 말이 '용납이 되는 것인가!' 나의 일부만 보고, 자신의 기분 따위에 맞춰 나를 낮게 평가할 수 있다. 나를 그렇게 바라본 사람의 그릇이 그만큼이기 때문에 나의 진정한 모습을 보지 못할 수 있다.

"모든 친구가 널 좋아할 수 없어."

"모두가 널 이해할 필요는 없어."

"모든 사람에게 다 좋은 사람으로 느껴야 한다고 생각하지 마."

"너를 이해하고, 네가 이해할 수 있는 사람하고만 만나고 살아도 충분해!"

이 말은 내가 나에게 해주고 싶은 말이다. 다른 사람에게 착한 모습으로 비치는 것이 중요한 것이 아니라, 나의 삶을 내가 이끌며 당당하게 삶의 주인이 되는 것이 더 중요하다.

다른 사람의 말에 지나치게 신경 쓸 필요가 없다. 다른 사람의 말보다 내가 나에게 하는 말이 더 중요하다.

3장

아이들만 웃는 유치원
VS
함께 웃고 싶은 교사

01

아이들이 좋아하는
만화 캐릭터 이야기부터
건네보세요

우리는 어떤 사람에게 마음이 열릴까? 나와 대화가 잘 통한다고 느껴지는 사람은 어떤 사람일까? 아마도 공통 관심사가 있고, 생각이 비슷한 사람에게 마음이 열릴 것이다. 다른 사람과 대화할 때 공통점을 발견하게 되면 그렇게 반가울 수가 없다. 공통의 관심사를 발견하는 순간 어색했던 공기가 따뜻하게 바뀌며 대화가 술술 풀린다. 공통된 관심은 나의 이야기를 하면서 상대방의 생각을 자연스럽게 끌어낼 수 있다. 서로 대화가 잘 통하면 그 사람이 편안해지고 신뢰가 생긴다. 자연스럽게 그 사람에게 호감을 느끼며 좋아하게 된다.

유아들도 친구들과 선생님을 처음 만나는 순간이 무척 떨린다. 어색한 웃음을 보이며 교구를 만지작거리기도 한다. 새로운 환경에 당황하며 울며 엄마를 찾기도 한다. 3월 첫 주는 유아들에게도 유치원 선생님에게도 긴장의 나날이다.

긴장한 유아들의 마음을 풀어주는 건 유아들에게 선생님이 친숙한 사람이라는 것을 알려주는 것이다. 긴장된 마음을 알아주며 공통된 관심사를 찾아야 한다. 이때, 유아들이 가져온 소지품에 그려진 캐릭터의 이야기를 나누며 긴장된 마음을 녹여주면 좋다.

"엄마가 보고 싶어요~!"라는 말에 "엄마가 보고 싶구나!" 하며 충분히 공감해줄 수 있다. 만약 유아가 엄마 생각만으로 울음을 멈추지 않는다면, 유아가 잠깐 엄마 생각을 잊도록 생각을 전환시키는 방법이 필요하다.

이때, 유아들의 소지품에 있는 캐릭터로 유아들의 생각을 전환시킬 수 있다.

"엄마가 시크릿 쥬쥬 옷을 사주셨네?"
"시크릿 쥬쥬의 누구를 좋아해?"
"선생님은 시크릿 쥬쥬에서 아이린을 좋아해!"

이처럼 유아들이 좋아하는 캐릭터로 이야기를 시작하면 엄마가 보고 싶던 마음이 조금은 사그라든다. 말하는 것을 좋아하는 유아의 경우, 자신이 좋아하는 캐릭터 이야기로 신이 나서 엄마가 보고 싶던 마음을 잊어버리곤 한다.

나는 요즘 유아들이 좋아하는 만화뿐 아니라 게임 캐릭터도 많이 알아본다. 유아들이 좋아하는 로블록스나 베이블레이드 팽이의 종류나 어몽어스 크루의 이름을 몇 가지씩은 외워놓는다. 유아들은 우리 선생님이 로블록스와 베이블레이드 종류, 어몽어스 크루를 알고 있다는 사실만으로도 놀라며 옆으로 다가와 이야기를 시작한다.

게임을 많이 해서 혼이 난 유아들은 자신의 마음을 알아주지 못하는 엄마와 아빠에게 속상한 감정을 표현한다. 유아들은 "엄마는 게임을 모르면서 혼만 내요."라고 말한다. 이런 유아들은 선생님이 게임에 대해 알고 말을 걸어주는 것만으로도 마음의 문을 연다.

주위 선생님들에게 유아들의 게임을 해보고, 만화도 보시라고 추천해 드린다. 유아들과 게임 이야기를 하면 유아들이 게임에 더 몰입하게 될 것 같다며 걱정하는 분도 있다. 유아들과 마음을 나누기 위한 공통 요소만 찾는 것이니 그런 걱정은 하지 않아도 된다.

"선생님, 어몽어스 암살하는 곳이에요."

"임포들이 여기 미션하는 곳인데 여기서 기다렸다가 크루원들을 살해해요."

"선생님, 신비아파트에서 자살한 귀신들이 나오는데요."

"자살 귀신이 억울하게 살해된 거예요. 악귀가 되었어요."

유아들의 이야기를 들으면 섬뜩하다. 저 작고 예쁜 입에서 거침없이 무서운 말이 나온다.

요즘 유아들이 보는 만화와 게임은 잔인한 내용을 담고 있다. 유아들에게 만화 속 이야기나 게임 속 스토리를 자세히 들으면 섬뜩한 느낌이 들 때가 있다. 유아들은 단순하게 만화의 내용과 게임의 스토리를 이야기하는 것뿐이다. 만화와 게임의 내용을 모르는 교사만 반감이 들 뿐이다. 이때 선생님이 유아들에게 "그런 말 하는 거 나쁜 거야!", "유치원에서 게임 얘기하면 못써."라고 말한다면 어떨까?

유아들은 게임의 잔인함을 인식하지 못한다. 유아들은 게임의 내용을 성인처럼 인지하는 것이 아니라 단순히 즐길 뿐이다. 이런 잔인한 내용이 나오는 신비아파트와 어몽어스의 캐릭터가 얼마나 인기인지, 유아들의 옷과 스티커, 공책 등 캐릭터가 나오지 않는 곳이 없다. 만화와 게임의 내용이 뮤지컬로도 만들어지고 부모들은 유아들의 손을 잡고 그 뮤지컬을 보러 간다. 출판사들은 신비아파트의 캐릭터와 어몽어스 등의 게임 캐릭터를 활용한 다양한 책들을 만들어낸다. 게임의 내용과 상관없이 상품화되어 나온다.

이렇게 유아들에게 인기 있는 만화와 다양한 캐릭터에 대해 선생님들이 모른다면 어떨까? 유아들과 소통의 어려움이 생길 것이다. 만화와 게임 속 내용을 모르고 선생님만 유아들의 이야기를 들으면 잔인한 내용이구나! 생각할 것이다.

유아들은 게임 이야기가 너무나 하고 싶은데, 하지 못하게 하면 하지 않을까? 숨어서 한다. 선생님의 눈을 피해 화장실에서 만나 이야기한다. 유아들이 삼삼오오 모여서 신비아파트 만화 속 귀신에 대해 말하고, 어몽어스 게임 이야기를 하며 키득키득 웃다가 선생님만 나타나면 눈치를 본다.

그럼 이와 같은 상황을 어떻게 해결하면 좋을까? 신비아파트는 불의의 사고로 세상을 떠난 귀신들의 억울함을 풀어주는 판타지 내용이고, 어몽어스는 우주선 속 마피아를 찾는 게임이다. 이 내용을 미리 알고 있다면 선생님이 유아들의 이야기에 놀라며 막을 필요는 없을 것이다.

선생님이 유아들이 좋아하는 다양한 만화 캐릭터와 게임 캐릭터의 내용을 알고 있으면 소통뿐 아니라, 교육적으로 활용할 수 있다.

나는 유아들이 좋아하는 만화 캐릭터, 게임 캐릭터를 이용한 놀이 교육활동을 많이 한다. 유아들에게 한글을 지도할 때도 좋아하는 캐릭터의 이름과 캐릭터에게 하고 싶은 말을 편지로 써보게 한다. 자신이 좋아하는 캐릭터에게 편지를 쓰며 만화 속 궁금했던 내용도 적어보게 한다. 이때 교사가 옆에서 모르는 단어를 써주며 한글 지도를 자연스럽게 할 수 있다.

어른들도 자신이 좋아하는 연예인을 팔로우하고, 그들의 활동에 댓글도 달며 소통하는 것을 중요하게 생각한다.

유아들이 좋아하는 캐릭터 주인공과 SNS로 팔로우를 하지는 못하지만 이렇게 편지를 써보면 자연스럽게 한글에 관심을 가지게 되고, 즐거움도 느낄 수 있다.

유아들은 딱딱한 한글 학습지보다 캐릭터의 이름을 따라 쓰고, 만화 주제곡을 따라 적는 활동에 더 흥미를 느낀다. 노래를 이미 다 외워 가사를 적으며 자연스럽게 한글을 쉽게 익힐 수 있다. 손에 힘이 없어 글자를 따라 쓰는 것을 어려워하는 유아들도 좋아하는 캐릭터를 색칠하며 손에 힘을 기를 수 있다.

나는 이처럼 유아들이 좋아하는 만화 캐릭터와 게임의 요소를 한글, 수 지도뿐 아니라 교육과정 활동에 활용한다. 유아들이 좋아하는 캐릭터의 집을 만들어보거나, 좋아하는 게임 속 건물을 자석 블록으로 만들어본다. 이때 교사는 만화 속 내용을 유아들이 재구성해볼 수 있도록 지원할 수 있다. 만화와 게임의 잔인한 이야기 대신 교사가 적절하게 새로운 이야기를 구성해볼 수 있도록 지도한다면 만화와 게임 캐릭터를 활용한 다양한 창의적 상상 놀이를 할 수 있다. 유아들은 캐릭터의 닉네임은 사용하지만 만화나 게임과 전혀 다른 이야기를 재구성할 수 있다.

교사가 유아들과 소통하기를 원한다면 유아들이 좋아하는 만화 캐릭터부터 이야기를 건네보자. 유아들에게 가장 좋은 유치원 교사는 유치원 나이의 자녀를 둔 교사라는 말이 있다. 자녀를 키우며 유아들의 성향을 잘 파악하기 때문이다. 자녀를 양육하며 자연스럽게 유아들이 좋아하는 텔레비전 프로그램도 알게 된다. 불분명한 발음으로 말하는 캐릭터의 이름도 찰떡같이 알아듣고 반응할 수 있다. 이처럼 유아들과 소통할 수 있는 창구가 열려 있을 때 교사는 유아들과 함께 웃을 수 있다. 선생님과 소통이 편한 유아들은 당연히 교사와의 시간을 즐겁게 여기며 유치원에 잘 적응할 수 있다.

02

아이들의 니즈를 알면 함께 웃을 수 있어요

유치원 교육과정이 놀이중심 교육과정으로 개정되었다. 유아중심 놀이교육과정은 모든 활동이 유아들의 관심과 흥미에서 시작된다. 교사는 지원자의 역할을 하며 유아들의 놀이가 확장될 수 있도록 공간과 교육자료를 제공한다. 교사는 유아들의 관심이 어디에 있는지, 무엇이 필요한지 길잡이 역할을 하며 유아들의 활동을 지원한다.

유아중심 놀이교육과정은 유아들의 시선에서 교육활동이 이루어지는 수요자 중심의 교육활동이다. 놀이중심 교육과정이 시작되며 선생님들은 혼란을 겪었다. 지금까지의 교육과정과 어떤 점이 다르다는 것인지

개념을 정리하기 어려웠다. 유아중심 교육활동은 유아들이 좋아하는 활동만 하라는 것인지 혼란스러웠다. 유아들의 놀이과정을 어떻게 분석하고, 지원해야 하는 것인지 이해하기 어려웠다.

나는 어울림 학습 공동체 선생님들과 함께 놀이중심 교육과정에 대해 연구했다. 처음에는 나도 유아들의 놀이를 어디서부터 관찰해야 할지 몰랐다. 매일 하던 엄마 아빠 놀이, 미용실 놀이, 가게 놀이를 어떻게 확장시켜주어야 할지 갈피를 잡지 못했다. 유아들의 놀이에 의미를 부여하고 다양한 시선과 관점으로 접근하는 것이 너무 어려웠다.

그동안 나의 수업 연구의 방향을 되짚어보았다. 나는 유아들이 나의 말에 집중하게 하는 방법을 연구했었다. 교사인 내가 원하는 방향으로 수업이 흘러갈 수 있도록 지도했다. 내가 가르치고 싶은 내용에 유아들이 흥미 있게 접근할 수 있는 방법을 연구했던 것이다.

놀이중심 교육과정은 기존의 수업 기술과 방법의 목적이 달라졌다. 내가 가르치고 싶은 내용을 유아들이 즐겁게 배우는 것이 아니다. 유아들이 관심 있는 것을 더 깊게 생각하고 관찰하고, 탐구하며 발전시킬 수 있도록 지원해야 한다.

유아들의 활동을 관찰하고, 유아들에게 필요한 것이 무엇인지 알아내야 한다. 유아들이 놀이 속에서 다양한 배움이 이루어질 수 있도록 지원해야 한다. 이것이 놀이중심 교육과정을 실천하는 가장 중요한 키워드이다.

봄날 우리 반 유아들은 놀이터 화단 옆에 떼를 지어 움직이는 개미를 발견했다. 유아들은 "야~ 개미가 지금 엄청 많아! 개미굴이 어디야?" 하며 개미굴 찾기에 빠졌다. 놀이터에 나갈 때마다 미끄럼틀보다 더 재미있게 개미를 구경하는 모습이 며칠간 계속 되었다.

기존의 누리중심 교육과정이었다면 개미의 종류에 대해 알아보기 및 개미의 특성에 대한 이야기 나누기 수업을 계획했을 것이다.

이번에는 놀이중심 교육과정을 운영하며 유아들에게 "이 개미는 종류가 뭘까?" 모르는 척 물었다. 유아들은 책에서 보았던 개미의 종류를 기억해내며 "이렇게 먹이 찾으려고 돌아다니고 있으니, 일개미겠죠?", "날개가 없으니깐 여왕개미는 아닐 거예요."라고 아는 지식을 총동원하며 대답했다.

나는 유아들이 대답을 적어 개미 수수께끼 책을 만들 수 있도록 제안

했다. 유아들은 개미를 관찰하며 궁금했던 내용을 유튜브와 책에서 찾아 수수께끼 책에 적었다.

개미가 좋아하는 먹이는?

개미가 떼를 지어 다니는 이유는?

땅속 개미굴의 모습은?

개미가 땅을 파는 방법은?

개미가 친구들과 이야기하는 방법은?

숲속에 사는 개미의 이름은?

다른 나라에서 볼 수 있는 개미는?

유아들은 개미를 관찰하며 궁금한 내용을 찾아보고 다양한 방법으로 알아낸 지식을 친구들과 나누며 기뻐했다. 나도 그 모습을 보며 함께 웃게 되었다.

나는 유아들의 활동을 지원하기 위해 개미를 다양하게 관찰할 수 있도록 환경을 마련해주었다. 유아들이 개미를 충분히 관찰할 수 있도록 교육과정 시간을 조절했다. 개미가 땅을 파고 개미굴을 만드는 과정을 관찰할 수 있도록 개미 사육 세트도 제공했다. 유아들은 바깥 놀이터의 개미와 사육 세트의 개미를 관찰하며 한 달이 넘도록 놀이와 배움의 즐거움에 빠졌다.

학부모에게 상담 전화 한 통을 받았다. 6살까지 다른 유치원에 다니다가 초등학교를 앞두고 병설 유치원에 온 유아였다. 전에 다니던 유치원은 즐겁게 다니지 못했다. 늘 유치원에 가기 싫어해서 부모님의 걱정이 컸다. 우리 유치원에 오게 된 이유는 추후 초등학교에 적응을 잘하기 위해 보낸다고 당당하게 말하는 학부모였다.

그런데 요즘에는 주말에도 유치원에 가고 싶다고 말을 한다고 했다. 자녀의 학습에 관심이 많았던 학부모는 유치원에서 계속 놀기만 하는 것 같아 걱정이 된다고 했다. 대부분 유아들이 곤충을 좋아하지만 뭐가 그렇게 재미있어서 한 달 동안 계속 개미만 보게 하는 것인지 불만을 느끼고 있었다. 자녀가 유치원에 있는 개미 사육 세트를 사달라고 조르는 바람에 어디서 구입하는 것인지 물어보려고 전화를 했다. 엄마는 사육 세트 구입처를 물으면서 은근히 볼멘소리를 했다.

학부모께 유아들이 개미 관찰을 좋아하는 이유가 무엇일지에 대해 생각해보셨는지 물었다. 학부모님은 퉁명스럽게 "개미가 움직이니깐 좋아하겠죠. 아이들 눈에는 작고 귀엽겠죠?"라고 답했다.

나는 "어머님, 맞아요. 개미는 작고 귀엽고, 계속 떼를 지어 움직이니깐 개미를 관찰하는 것을 좋아해요. 하지만 개미 관찰하는 것만 재미있어서 좋아하는 것은 아닌 것 같아요. 개미를 관찰하며 궁금한 점을 찾아내는 과정, 친구들에게 모르는 것을 알려주며 느끼는 희열, 친구들과 공통된 관심사를 나누며 소통하는 재미가 있어요."라고 답했다.

나의 설명을 한참 들은 학부모는 전화를 끊을 때 목소리 톤이 바뀌었다. 유아들이 개미를 통해 함께 소통하며 자기 주도적인 배움이 일어나는 과정을 미처 생각하지 못했다고 하였다.

학부모는 병설 유치원이라 한글과 수는 가르치지 않으면서 개미만 한 달 내내 보게 하는구나 하며 공립 유치원을 선택한 것이 실수였나 염려가 되었었다고 솔직하게 말씀하셨다. 하지만 선생님의 설명을 들으니, 우리 아이가 주말에도 유치원에 가고 싶어 하는 이유를 알겠다며 기분 좋게 전화 통화를 마쳤다.

'아이들의 니즈를 알면 함께 웃을 수 있어요'라는 말은 정답이다. 유아들은 자신의 관심사와 흥미를 인정해주고 소통해주는 사람과 함께하고 싶어 한다. 따라서 교사는 유아들이 좋아하는 것이 무엇인지, 유아들은 어떤 것에 관심을 가지는지, 유아들이 알고 싶어 하는 것이 무엇인지, 유아들이 호기심을 갖는 것이 무엇인지, 관심을 갖는 것이 무엇인지 알아야 한다.

아이들의 니즈를 알고 소통하기 위해서는 교사의 눈높이를 유아들에게 맞추기 위해 몸을 낮추고 유아들의 놀이를 들여다봐야 한다. 유아들이 서로 주고받는 대화를 귀담아 들으며 유아들의 생각이 무엇인지 알기 위해 노력해야 한다. 몸을 낮추고 마음을 낮추고, 유아들의 눈높이에서 교사는 놀이 친구가 되어야 한다. 교사가 놀이 친구가 될 때 유아들과 맘껏 웃으며 즐겁게 지도할 수 있는 교사의 자리를 찾을 수 있다.

아이들도 꼰대 선생님을 알아봐요

'라떼는 말이야'라는 유행어가 있다. 자신의 기준에 못 미치는 아랫사람에게 무용담처럼 자신의 이야기를 늘어놓을 때 사용하는 말이다. 자신의 지나간 명성에 취해 '라떼는 말이야'라고 말하는 사람도 있고, 자신이 겪었던 부당한 일을 말할 때 사용하기도 한다.

'라떼는 말이야'라고 말하는 사람을 상대하는 사람들의 기분은 어떨까? 전혀 공감되지 않는 옛날 옛적 고릿적 이야기를 들으며 지루해할 것이다. 겉으로는 "아… 그렇구나, 예전에는 그랬구나!" 맞장구치더라도 '그래서 어쩌라고… 이분도 꼰대네….'라는 생각이 들 것이다. 이처럼 생각하는 사람들이 많으니 '라떼는 말이야'가 유행을 했고, 이어 '꼰대'라는 이미지를 갖게 되지 않았을까?

6년 전, 교사로서 나의 모습을 성찰하기 위해 용감하게 컨설팅을 신청했었다. 수석 선생님께 컨설팅을 받는 석 달 동안 내 수업을 동영상으로 찍으며 모니터링을 하게 되었다. 동영상에는 평소 내가 인식하지 못하고 하는 행동과 어투, 제스처까지 고스란히 담겨 있었다.

'어머머! 내가 왜 이런 말을 했지!'
'유아들의 말을 듣지 않고, 내가 하고 싶은 말만 하고 있네.'
'내가 왜 저런 표정을 지었을까? 내 표정을 본 유아의 반응을 왜 그때는 몰랐을까?'
이런 생각들로 머리가 복잡해졌다.

하루는 수업을 시작하며 유아들의 시선을 집중시키기 위해 손가락 인형을 준비했다. 손가락 인형을 손에 끼고 귀여운 목소리로 "얘들아, 안녕." 하고 말하자 한 친구가 "에이, 뭐야… 선생님이네." 하며 분위기를 깨트렸다. 난 너무 당황한 나머지 "선생님이 아니고 난 다람쥐란 말이야…" 하며 진땀을 흘렸다.
얼굴이 벌게지며 "나를 다람쥐라고 생각하지 않으면, 지금부터 재미있는 놀이를 알려주지 않을 거야!"라고 웃으며 협박까지 하였다.

유아가 "선생님이 맞다니깐, 에이… 선생님 다람쥐가 말을 어떻게 해요?"라고 말하자 나는 코끝을 찡긋거리며 그 친구의 반응을 살폈다.

5살밖에 되지 않는 유아에게 지기 싫었다. 나는 뜬금없이 "산타할아버지를 안 믿는 어린이는 선물을 받을 수 없지! 선생님이 다람쥐라고 말하면 다람쥐라 믿어야지…, 너는 다람쥐라고 생각하지 말아라! 선생님은 다른 친구들하고 재미있게 놀게!"라고 말하며 그 유아를 제외시키는 말과 행동을 했다.

유아들은 우리가 생각하는 것보다 눈치가 빠르다. 이 정도 선에서 선생님의 말을 인정하고 넘어가지 않으면 재미없어진다는 것을 알았을 것이다. 유아들은 내가 준비한 수업에 그 순간 웃으며 즐겁게 참여하였다. 하지만 "다음번에도 또 해볼까?"라는 질문에 "아니오."라고 대답했다.

수석 선생님께 컨설팅을 받으며 나는 부끄러움을 감추기 위해 억지를 부렸다.

"아니, 몇 년 전만 해도 유아들이 손인형만 보여줘도 엄청 좋아하고 반응이 좋았어요."

"요즘 유아들이 미디어에 노출이 되어 있어서, 이젠 손인형도 시시한가 봐요."

"아니 5살 정도면 손인형도 신기해해야 하는 거 아니에요? 7살이었으
면 이해가 가지만 5살이 이렇게 말하다니 너무 당황했어요."

내 생각대로 흘러가지 않은 수업이 민망했다. 내가 잘못하지 않았다는
것을 말하고 싶었다. 나는 그야말로 '꼰대 선생님'의 모습을 보였다.

나의 이런 모습을 보며,

"선생님이 편하게 인정해도 돼요, 뭘 그렇게 당황을 해요."

"그 친구가 그렇게 말하면~ 선생님 목소리가 다람쥐처럼 들리지 않았
어?"

"선생님이 재미있게 해주려고 연습을 많이 했었는데, 네가 생각한 다
람쥐 목소리가 아니였구나."

"'선생님이 다음번에는 더 연습을 많이 해서 재미있게 들려줄게'라고
말해도 돼요."라고 지도해주시는 수석 선생님 앞에서 너무나 부끄러웠
다.

컨설팅을 받고 난 후 나에게는 많은 변화가 생겼다. 아직 자신의 감정
을 적절하게 표현하지 못하는 유아들에게 선생님이라는 권위로 나의 생
각을 주입하고는 있지 않은지를 되돌아보게 되었다.

하루는 복도를 힘차게 뛰어가는 한 친구를 보았다. 얼마나 씩씩거리며 뛰던지, 그 아이의 뒤통수에 대고, "복도에서 뛰면 안 돼. 걸어 다녀야지 뛰는 곳이 아니야."라고 말했다. 교실로 뛰어 들어갔던 그 친구는 돌아 나와서 나에게 이렇게 이야기했다.

"해님반 선생님, 제가 일부러 뛴 게 아니라, 지금 놀이터에서 친구가 넘어져서 피가 났어요. 선생님이 약을 가져오라고 말씀하셔서 약을 가지러 가는 길이었어요."

이 이야기를 들으며 얼마나 미안하던지, 아픈 친구들 위한 마음에 급하게 뛰어가는 것을 보고 나는 일방적인 규범만 늘어놓는 선생님이 되었다. 나는 그 유아에게 "미안하구나! 선생님이 상황을 물어보지도 않고 너를 야단쳤네, 선생님이 실수한 거 맞아!"라고 정중하게 사과했다. 그 유아는 "괜찮아요. 그러실 수도 있지요!"라고 말하며 오히려 어른스럽게 나의 사과를 받아주었다.

내가 만약 "그래도 뛰는 건 안 돼요…."라고 말을 했다면 유아는 어떤 반응을 보였을까?

어른의 권위로 사과하는 것이 익숙하지 않은 사람이 많다. 실수를 인정하기보다 에둘러 다르게 표현하며 유아의 탓인 것처럼 상황을 만들어 버리기도 한다.

한번은 옆 반 유아가 수저와 젓가락이 아닌 숟가락과 포크가 하나로 된 숟가락을 가져왔다. 유아는 숟가락과 포크로 밥을 먹지 않고 장난을 치는 듯 책상을 둥둥 쳤다. 급기야 밥을 먹는 옆 친구까지 괴롭히게 되었다. 담임 선생님은 유아를 불러 밥 먹는 태도가 좋지 않다며 야단을 치셨다. 유아는 눈물을 뚝뚝 흘리며 교실로 들어가지 않고 밖에서 씩씩거리며 있었다.

그 유아를 불러 왜 울고 있는지 물어보니 통명스럽게 "몰라도 돼요."라고 대답한다. "네가 이렇게 눈물이 날 정도로 화가 난 걸 보면 뭔가 억울한 것 같은데?"라고 물었다. 유아는 자신의 이야기를 들어주는 선생님이라 생각을 했는지 속마음을 얘기했다. 그 유아는 친구들은 젓가락으로 밥을 먹는데 수저포크로 밥을 먹어야 하는 것이 부끄러웠다고 했다. 수저포크로 밥을 먹을 생각을 하니 수저포크를 챙겨주는 할머니에게 화가 났고 그 화를 옆에 있던 친구를 괴롭히며 화풀이를 했던 것이다. 유아는 자신의 잘못된 행동을 알고 있지만 자신의 감정이 해소되지 않아 억울함만 가득했다.

이후 담임 선생님께서 유아를 따로 불러 감정을 읽어주시고, 잘못된 행동을 바로 잡아주셨다.

얼마 전 졸업시킨 유아들에게 "선생님, 우리를 참고 기다려줘서 고마워요. 선생님이 최고예요."라고 쓰인 편지를 받았다. 유아들의 이야기를 귀담아 듣고, 시간이 걸리더라도 믿고 천천히 자신의 행동을 스스로 조절할 수 있도록 지도했던 나의 마음을 유아들이 찰떡같이 알아주는 것만 같아서 너무나 행복했다. 선생님이 노력한 만큼 유아들도 선생님의 마음을 받아들인다.

유아교육의 시작은 유아들과의 소통에서 시작된다. 유아들의 마음을 얻기 위해서는 꼰대 선생님으로 다가가서는 안 된다. 내가 어른이고, 선생님이라는 권위적인 생각으로 유아들에게 일방적인 지시를 하는 순간 꼰대가 되는 것이다. 유아들은 나의 이야기를 들어주는 사람인지 아닌지 대번 안다. 유아들은 어려도 직감적으로 꼰대 선생님을 알아보고, 선생님의 말을 듣지 않으려고 한다. 유아들의 시선을 따라 유아들의 마음을 읽어주는 교사의 태도가 유치원 교사로서 가장 중요한 자질 중 하나이다.

04

울고불고 말하는 아이에게
효과적으로 말하는 방법

요즘 오은영 박사님의 〈금쪽같은 내새끼〉가 인기몰이를 하는 중이다. 〈금쪽같은 내새끼〉를 보면 정말 여러 가지 어려움을 겪고 있는 금쪽이들과 금쪽이를 키우는 부모님의 모습이 나온다. 금요일 저녁 방송을 보고 나면 가슴이 먹먹해진다. 오은영 박사님의 금쪽이 솔루션이 방송에 나오면 나는 메모하기에 바쁘다. 자녀의 문제 행동으로 어려움을 겪고 있는 부모님께서 상담을 오시면 금쪽이 솔루션에 대해 이야기 나누며 방법을 모색한다.

학부모님들 사이에서 우리 유치원은 유아들을 잘 지도한다고 소문이

났다. 특히 문제 행동 유아들을 잘 지도해서 어려움이 있는 유아들이 모인다고 소문이 났다는 얘기를 학부모님께 전해 들었다.

이 이야기를 전해주셨던 학부모님은 "선생님, 우리 유치원 이러다가 좀 그런 친구들만 모이는 거 아니에요? 엄마들이 은근 걱정해요. 하지만 또 한편으로는 선생님들이 워낙 열심히 하시고, 우리 애들도 잘 지도해 주시니깐 만족하면서 보내요."라고 걱정 어린 말씀을 해주신다.

나도 이 이야기를 듣고 '온 동네의 문제 행동 아이들이 우리 유치원에 오면 안 되는데…'라는 생각이 잠시 스쳤다가도 나와 함께 일하는 동료 교사의 힘으로 유아들이 변화된다면 얼마나 감사한 일인가 싶었다.

나와 우리 선생님들은 유아들의 발달 상황에 대해 함께 이야기 나누며 방법을 찾아가려고 노력하고 있다. 유아들을 위한 감정 코칭, 문제 행동 지도 방법, 교사의 나 메시지 전달법 등 유아들과 소통하기 위한 방법을 공부하고 있다.

동료 교사들과 유아 심리를 공부하고 문제 행동을 지도한다. 유아 지도의 가장 중요한 키워드는 '소통'과 '일관성'이다. 선생님과 부모는 유아의 마음을 읽어주고 그 유아의 감정을 받아줘야 한다.

그리고 일관성 있는 양육 태도를 가정과 기관이 연계하여 지도해야 한다. 이런 노력을 거치며 유아들의 문제 행동이 줄어들고 스스로 변화되는 모습을 많이 보았다. 물론 가정과 선생님의 힘으로 변화가 어렵다고 생각되는 유아들은 심리센터와 전문기관에 검사를 받아보길 권하고 있다.

감정 조절이 어려워 선생님들이 특별히 신경 써서 지도하고 있는 H가 방과후반에서 놀이를 하다 소리를 지른다. 온 교실이 떠나갈 듯 소리를 지르며 발을 동동 구른다. 나와 담임 선생님께서 교실로 달려가 H를 데리고 나와 조용한 곳으로 데리고 들어갔다.

담임 선생님이 H가 화가 나고 속상한 감정을 어루만져주는 사이 나는 함께 놀이하던 유아들에게 어떤 상황이었는지 물어보았다.

친구들은 H와 즐겁게 구슬 길을 만들며 놀이하고 있었다. 그러다 그 옆을 지나가던 형이 구슬 길과 부딪혀 H가 만들어놓은 길이 무너져버린 것이다. H는 그 순간 속상함을 조절하지 못하고 소리를 지르며 형에게 다시 만들어내라고 소리를 질렀다. 실수를 한 형이 다시 만들어주려고 했지만 H가 원하는 대로 만들어지지 않자 울고 소리를 지르는 상황이었던 것이다.

담임 선생님의 감정을 받아주는 대화 덕분에 H를 만나려고 들어갔을 때는 조금씩 진정이 되어가고 있었다. 나와 담임 선생님과 H는 함께 지금 상황에 대해 이야기를 나누었다.

"H야, 많이 속상했겠다. 선생님이 친구들한테 얘기를 들어보니, 엄청 집중해서 열심히 만들었는데 형이 부딪혀서 정말 속상했겠어."라는 말로 H의 마음을 위로했다.

"제가 정말 열심히 만들고 있었다고요! 형이 미워요. 형이 나를 싫어해서 일부러 부딪힌 거예요."라고 말한다. H는 자기중심성이 강해 전체적인 상황을 인지하지 못하고 있었다.

"그래! 형이 H를 미워한다고 생각했구나! 형이 부딪힌 다음에 H에게 어떻게 행동했어?" 나는 H가 상황을 다시 이해할 수 있도록 하나씩 짚어주었다.

"형이 다시 만들어주려고 했어요. 그런데 형이 만든 거 이상해요. 내가 만든 것처럼 못 하잖아요. 내가 미우니깐 이상하게 만든 거예요!"라고 말하며 씩씩거린다.

"형이 만든 것이 멋지지 않아서 또 속이 상했구나. 형이 H가 만들었던 것처럼 잘 만들었으면 좋았을 텐데. 그러면 지금처럼 속이 상하지 않았을까?" 나의 말에 H는 눈을 동그랗게 눈을 뜬다.

"형이 나만큼 잘 만들었다면 이렇게 속상하지 않았을 거예요."라고 대답한다.

"그래, 만약 형이 잘 만들 수 있었다면 우리 H가 화가 나지 않았을 수 있겠구나. 그런데, 형이 구슬 길을 만들 때 표정이 어땠는지 혹시 봤어?"

라고 묻자, 그제야 H는 형이 미안해하고 있었다는 것을 아는 듯했다.

"형이 '미안해… 내가 다시 만들어줄게'라고 말했어요. 형이 미안해하는 표정으로 다시 만들었어요."라고 대답한다.

"그래, 아까는 너무 화가 나서 형이 미안해하는 것을 못 봤구나! 화가 너무 많이 나면 다른 사람의 말과 표정을 못 볼 수도 있지. 그러면 아직도 형이 너를 미워해서 부쉈다고 생각해?"라고 묻자, "아니에요. 형은 정말 실수였어요. 제가 그런데 화가 나서 소리를 지른 거예요."라고 말하며 스스로 상황을 인식하게 되었다.

내가 "그러면 우리 이제 어떻게 하면 될까? 어떻게 하고 싶어?"라고 묻자 "제가 형한테 미안하다고 사과할게요. 그런데 구슬 길이 만들어지지 않아서 진짜 속상해요."라고 스스로 해결 방법을 찾는다.

"그래, 우리 H가 스스로 어떻게 하면 좋을지 방법을 잘 찾았네."라고 스스로 찾은 방법을 칭찬해주었다. 그리고 나는 지금과 같은 상황은 언제든지 일어날 수 있는 상황이라는 것을 알려주었다.

"그런데 H야, 우리가 오전에는 달님반 교실에서 놀이하다가 오후에 해님반 교실에 오잖아. 해님반 교실에 있는 장난감은 조금 어려운 것들이 있어. 형님들은 달님반 친구들보다 손도 조금 더 크고 힘이 세서 어려운 장난감을 준 거야. H도 몸이 조금 더 크고 생각 주머니가 조금 더 자라면 이 정도 장난감은 쉽게 가지고 놀이할 수 있을 거야. 하지만 지금은 조금 어려울 수 있어. 저 구슬 나무 길은 자석이 없고, 높이를 잘 조절해야 하기 때문에 쉽게 무너져. 그래서 형님들도 처음에는 어려워했어. 하지만 형님들은 무너져도 여러 번 하면서 잘하게 됐어. 구슬 길은 쉽게 부서지는 장난감인데 H는 계속 놀이할 수 있겠어? 또 무너지면 속상하고 화가 날 수 있는데… 어떡하지?" 나는 앞으로 계속 이와 같은 상황이 일어날 수 있다는 것을 인지시켰다.

H는 한참을 생각하다 "선생님, 그럼 계속 제가 화를 안 내고 형들처럼 여러 번 하면 되는 거예요?"라고 묻는다.

"그럼. 구슬 길이 무너질 때 속상한 마음을 잘 참고, 다시 하면 얼마든지 할 수 있지. 할 수 있겠어? 속상한 마음을 참는다는 것은 정말 어려운 거야. 할 수 있을까?" 물었다. 나의 물음에 "네. 선생님, 제가 노력해볼게요." 웃으면 대답한다.

나는 H를 안아주며 "누구든지 속상한 일이 생기고, 화가 날 수 있어. 그런데 화가 나고 속상할 때는 지금처럼 울고 소리를 지른다고 해결되지가 않더라고. 대신 차분하게 나 지금 속상해하고 말하는 건 좋은 것 같아."라고 다독였다.

H는 나와 담임 선생님을 번갈아 안아주며 "제가 다음번에는 울지 않고

말할게요. 선생님, 죄송해요. 사랑해요."라고 말하고 교실로 들어갔다.

그 이후도 H는 여러 번 이와 같은 과정을 반복하고 있지만 소리 지르고 울음으로 표현하는 강도는 서서히 줄어들었다. 담임 선생님과 나는 H를 볼 때마다 "H야, 지금 울지 않고 아주 공손하게 말을 잘하네! 노력하고 있는 모습이 너무 멋지다."라고 말하며 자주 안아준다.

긍정 훈육의 바탕은 아들러의 개인 심리학(individual psychology)을 바탕으로 한다. 아들러는 교사의 역할은 유아들의 불완전함을 받아들이고 극복할 수 있는 용기를 갖도록 격려하고, 유아가 스스로 행동의 과정을 수정하도록 독려하는 사람임을 강조한다. 나는 아들러의 긍정 훈육을 바탕으로 H의 속상한 감정을 받아주고 용기를 갖도록 격려하였다. 또한 시간이 걸리더라도 교사가 상황을 설명하고 지도하는 것이 아니라 유아가 스스로 상황을 판단하고 해결 방법을 생각해볼 수 있도록 질문을 던져 독려하였다. 이처럼 유아가 스스로 해결 방법을 찾아내고 행동을 조절할 수 있다고 믿으면 울고불고 말하는 유아들도 효과적으로 지도할 수 있다.

05

예민한 아이들을 기분 좋게 지도하는 방법

주변의 자극이나 자신의 감정을 화로 표현하는 유아도 있고, 소극적으로 표현하는 유아도 있다. 나는 화를 내며 표현하는 유아보다 말하지 않고 눈빛으로만 자신의 감정을 표현하는 유아가 더 어려웠다. "어떻게 생각하니?"라는 교사의 질문에 당황해하며 울어버리는 유아, 새로운 활동에 도전하는 것을 힘들어하는 유아, 시시때때로 변하는 감정으로 인해 친구와 어울려 놀이하는 것이 어려운 유아. 친구와 선생님의 눈치를 보는 소극적인 유아를 만나게 되었을 때 '어떻게 지도하면 좋지?'라는 고민으로 머릿속이 하얗게 되었다.

학기 초 유아들의 발달 단계를 이해하기 위해 자유롭게 그림 그리기 활동을 했다. "내가 가장 잘 그릴 수 있는 것을 그려볼까?"라는 말에 P가 울기 시작한다. 잔뜩 긴장한 얼굴로 아무 말 없이 울고만 있다. "왜 눈물이 나지? 그림 그리기가 어려워?" 우는 이유에 대해 묻는 교사에게 아무 대답이 없다. 우는 아이를 안고 한참을 기다렸다. P가 우는 이유에 대해 예상되는 이유를 하나씩 묻자, 고개로 끄덕이며 답한다. P는 그림 그리는 것이 어려워 울음으로 긴장된 마음을 표현한 것이다. P는 일곱 살이었고, 유치원의 적응 기간이 지났음에도 불구하고 조금만 어려운 일이 생기면 울음으로 표현했다.

P가 과제 수행에 있어 어려움을 겪을 때 울음으로 표현했던 이유는 가정의 과잉보호 태도의 영향이었다. P는 또래보다 대근육 및 소근육의 발달이 느렸고, 발음의 부정확함으로 인하여 가정에서 과잉보호를 받으며 성장했다. H는 지나친 보호로 인해 울음으로 소통하며 자신의 마음을 위로받고 싶은 욕구가 강했다.

나는 P가 스스로 활동에 참여하며, 성취 과제에 대한 부담을 낮추는 경험이 필요하다 판단했다. 그림 그리기 활동을 할 때 P를 옆에 앉히고 얼굴과 머리를 그려주고, 눈과 코, 입만 그려볼 수 있도록 천천히 시도했다. 신체 활동에 있어서도 낮은 과제부터 시도하여 조금씩 난이도를 높이는 활동으로 접근하였다. 동생반과 협력 놀이를 할 때 P가 동생들을 천천히 지도해볼 수 있는 도우미 역할을 할 수 있게 했다. 다른 사람에게 좋은 영향을 주는 사람이라는 긍정적인 이미지를 갖게 하기 위함이었다.

졸업을 앞두고 P는 자신에 대해 긍정적으로 인식하게 되었다. 자신감이 없던 모습에서 스스로 친구들을 돕는 도우미의 역할을 하게 되었다. 동생들에게 "할 수 있어. 천천히 해봐."라고 응원을 해주어 친절한 형님으로 뽑히기도 했다.

선생님과 친구들의 눈치를 많이 보는 M이 있었다. M은 다른 유치원에서 적응이 어려워 6세에만 어린이집과 유치원을 세 군데나 옮겨 다녔다. 타기관에 적응이 어려워 유치원을 제대로 다니지 못했다는 이야기를 듣고 나 역시 M을 만나기 전부터 긴장이 되었다.

M은 학기 초 교실에서 친구들과의 놀이보다 혼자 있는 시간을 많이 보냈다. M의 행동을 관찰해보니 인지적인 측면과 신체적인 측면에 발달 지연은 보이지 않았다. 다만 사회성이 부족하여 협력 놀이가 어렵고, 자신의 의사를 표현하는 방법이 미숙한 것 같았다.

M은 친구들의 놀이를 탐색하여 슬쩍슬쩍 웃기도 했다. 간혹 교실에서 지켜야 할 약속을 지키지 않는 친구들을 보면 긴장하며 불안해하는 모습을 보였다. M은 관찰자의 입장에서 친구를 보고, 선생님의 모습을 보며 시간을 보냈다.

부모님께 여쭤보니, 다른 기관에 다닐 때 적응 기간에 선생님들이 활동할 것을 제안한 것에 대한 부담감을 느껴 유치원 등원을 거부한 것 같다고 하셨다. 외부 자극에 예민하고, 소극적인 M은 유치원이라는 공간이 안전하다고 인식되고 편안하게 느껴질 때까지 시간이 많이 필요한 성격이었다. 그러나 활동을 하지 않고 가만히 관찰만 하는 유아를 지켜보는 것 역시 담임 교사에게는 쉽지 않은 일이다. 담임 선생님들은 M이 즐겁게 지내기 위해 활동을 권하셨을 것이다.

나는 학부모와 상담 후, M이 스스로 놀이를 선택하여 움직일 때까지 기다렸다. 스스로 하고 싶은 마음이 들 때까지 기다리며 권하지 않았다. 다만, 언제든지 활동에 참여할 수 있다는 것을 지속적으로 안내해주었다.

선생님과 친구들, 유치원 활동에 대한 관찰 기간이 끝나고 M은 다가오는 친구에게 한두 번 말을 시작했다. 한두 명 대화를 주고받는 친구들이 생기자, 어느새 친구에게 살짝 다가가는 모습이 보였다. 친구들 사이에서 안정감을 느낀 M은 2학기가 되자, 우리 반 전체 친구들에게 가장 친절한 친구로 뽑혔다.

친구들은 장난치지 않고 친절하게 친구들에게 다가가는 M을 좋아하였다. M은 친구들의 이야기를 잘 들어주고 수용하며 자신의 생각도 전달하는 모습을 보였다. 친구와의 관계가 회복되어 유치원에 안정감을 느끼게 된 M의 2학기의 생활은 모범 그 자체로 바뀌었다.

부끄러워하며 그림을 아주 작게 표현하고 그림조차 보여주는 것을 어려워하던 M은 자신감이 많이 생겼다. 어느새 친구들에게 놀이를 제안하고, 놀이를 이끄는 모습이 나타났다.

나는 M이 편안하게 적응할 수 있도록 규칙의 경계를 유연하게 제시해주었다. 위험한 상황이 아니면 무엇이든 천천히 도전해볼 수 있도록 제시하였다. 나는 유아들에게 친구에게 공격적인 말과 위험한 행동이 아니면 놀이를 선택하는 것에 대해 제한을 두지 않았다.

M이 졸업을 앞두고 삐뚤삐뚤한 글자로 "선생님, 저를 기다려주셔서 감사합니다. 사랑해요."라고 쓴 편지를 받고 눈물이 핑 돌았다.

예민한 성격으로 유치원에 적응을 어려워하는 유아들에게는 또래보다 더 많은 시간을 내어주어야 한다. 다수의 유아들을 지도하며 한 명 한 명 섬세하게 이끌고 가는 것은 어렵다.

유아들은 친구와 비교하며 "왜, 저 친구는 안 해도 돼요?"라고 물으며 형평성을 말하기도 한다. 선생님의 기다림이 학부모와 협의가 되지 않았을 경우 방임으로 보일 수도 있다. 유아에게도 탐색하고 관찰할 수 있는 시간을 제공해주지만, 언제든지 시도할 수 있도록 적절한 격려와 제안을 해야 한다.

예민한 유아들을 기분 좋게 지도하기 위해서는 교사의 유연한 사고가 필요하다. 교사가 모든 활동에 유아들이 참여하도록 유도하여 교육 목표를 달성해야 한다는 압박에서 벗어나야 한다. 목표 달성에서 벗어나야 한다는 뜻은 교사들에게 '하기 싫어하는 유아들은 지도하지 않아도 된다.'라는 것이 아니다. 모든 활동에 우리 반 학급 전체가 골고루 참여하며 같은 작품을 완성하고, 똑같은 일을 경험해야 한다는 압박에서 벗어나야 한다는 말이다.

나는 학급 규칙을 정할 때 위험한 행동에 대해 일관성 있게 지도하되, 다른 규칙은 유아들과 합의를 거쳐 유연하게 수정하며 적용한다. 이때 유아들에게 선생님이 더 많이 기다려줬으면 하는 부분에 대해 물어본다. 새로운 활동을 시작하는 데 필요한 시간과 기회가 다르기 때문이다. 한 번만 보고도 활동을 따라 하는 유아도 있지만 5번, 10번의 기회가 필요한 유아도 있다.

선생님들이 이와 같은 교육 방법을 세우기 위해서는 기관의 관리자와 학부모와의 모든 뜻이 맞아야 한다. 내가 이와 같은 조언을 하면 관리자와 학부모의 눈치가 보여 그렇게 지도할 수 없다고 말씀하시는 경우가 있다. 그럴 수 있다. 모든 유아들이 같은 작품을 들고 집으로 돌아가길 원하는 관리자도 있다. 다른 유아들의 활동과 작품을 비교하며 서운해하시는 학부모도 있다. 우리 아이를 세심하게 신경 써 지도하지 않는 것처럼 느끼고 언짢게 생각하는 학부모도 있다.

보이는 결과가 겉으로 표현되는 것만 있는 것이 아니다. 유치원의 모든 일과 속에서 자연스럽게 배움이 일어난다. 스스로 성장하길 바라는 마음은 관리자와 학부모도 같을 것이다. 이 부분을 관리자와 학부모께 전달하며 나의 교육 방법에 대한 동의를 구하자. 교사로서의 바른 신념이 유아들에게 더 많은 것을 제공할 수 있다는 것을 믿고 나아가는 모습이 선생님에게는 필요하다.

06

내 아이뿐인 학부모의 마음을 들어주세요

교사와 학부모는 교육 공동체이다. 그러나 한 유아를 바라보는 관점이 서로 다르다. 교사는 다수의 유아 중 한 명으로 생각하고 지도한다. 하지만 학부모에게는 금쪽 같은 내새끼이다. 당연한 관점이지만 선생님은 객관적으로 유아를 바라보고, 학부모는 주관적으로 바라보는 관점에서 작은 오해들이 쌓이기도 한다.

3월 한 달간의 유치원 적응 기간이 끝나면 4월은 학부모 상담이 이루어진다. 3월 한 달간 교사가 파악한 모습을 전달하고, 유아들의 성향과 특성에 대해 학부모와 상담을 한다. 선생님들은 객관적으로 유아들을 분석하기 위해 관찰 사항, 발달 체크리스트, 학습 준비도 검사 등 다양한 객관적 리스트를 모으며 학부모 상담을 준비한다.

모든 선생님들은 유아들에게 좋은 영향을 주는 사람이 되길 바란다. 유아들이 바르게 성장해나가길 원한다. 이러한 마음으로 유아들의 객관적인 상황을 학부모님께 전달 드리고자 한다. 그리고 가정과 연계하여 유아들을 돕고자 상담에 임한다.

그러나 내 아이만을 바라보는 학부모는 교사의 이런 모습에 당황을 하기도 하고, 자녀의 모습을 인정하려고 하지 않는 경우가 있다.

3년간 육아휴직을 하며, 아들 유치원 엄마들과 놀이터 모임을 갖게 되었다. 엄마들과 함께 어울려 지내고 싶은 마음에 유치원 교사로 휴직을 하고 있다는 이야기를 하지 않았다. 일반 직장에 다니다 휴직하여 아이를 키우는 중으로 소개하며 어울렸다. 그때 나는 담임 교사를 바라보는 엄마들의 시선에 대해 알게 되었다.

일부 엄마들이지만, 유치원 선생님과 상담을 하고 온 후 "우리 선생님은 우리 아이를 한 달밖에 보지 않았는데, 어떻게 그렇게 다 알고 계신 것처럼 말씀하실 수 있을까요?"라며 선생님의 말씀을 수용하지 않는 모습을 보였다.

또 "선생님께서 우리 아이가 표현을 잘 하지 않는다고 하는데, 선생님이 우리 아이에게 친절하게 해주시지 않은 것 같아요. 우리 아이는 집에서는 표현도 잘하고 말도 잘하는데… 선생님이 우리 아이를 예뻐하지 않는 걸 아이가 느낀 게 아닐까요? 아이가 선생님이 편하면 얘기를 잘했겠죠."라고 말하며 선생님에 대한 편견과 서운함이 가득 들어 있는 모습을 보고 충격을 받았다.

나는 그때 알았다. 학부모 소통에 대한 책에 나와 있지 않은 학부모와 교사와의 시선의 차이를…. 엄마들의 대화를 들어보면 선생님의 입장에서 실수한 것이 없었다. 선생님은 객관적으로 자녀의 발달 특성에 대해 설명했다. 친구들과의 또래 관계에서 보이는 면을 있는 그대로 말씀한 것뿐이었다.

그러나 학부모는 우리 아이가 친구들하고 즐겁게 지내고 있다는 말을 듣고 싶었다. 친구들 앞에서 발표도 잘하고, 선생님의 말씀을 잘 듣는다는 이야기가 듣고 싶었다. 하지만 선생님의 객관적인 판단에 서운한 마음이 들었다.

엄마들과 놀이터에 모여 앉아 얘기를 나누며, 엄마들의 입장도 이해가 갔다. 엄마는 객관적으로 아이를 들여다볼 데이터가 없다. 몇 명의 친구들과 어울려 놀이하는 모습을 지켜볼 뿐이다. 그것도 다양한 아이들과 섞여 지내는 모습이 아닌, 평소 우리 아이와 다투지 않고 잘 지내는 친구

몇 명하고만 놀이하는 모습을 지켜볼 뿐이다.

또한 학원과 학습지 선생님들의 칭찬을 받으며 우리 아이의 모습을 충분히 과대평가할 수 있다. 그리고 학부모에게는 눈에 넣어도 아프지 않을 사랑스러운 '내 새끼' 아닌가! 우리 아이가 한마디만 해도 다 채워주고 싶은 것이 부모의 마음이다. 아이가 힘들어하는 부분이 있으면 얼른 도와주어 편하게 해주고 싶은 마음이 든다.

학부모도 선생님과의 상담을 앞두고 긴장한다. 우리 선생님께서 내 아이에 대해 어떻게 말씀하실지 궁금하고 긴장되어 밤잠을 설칠 정도로 긴장이 된다. 그리고 선생님께 어떤 말씀을 드려야 할지 곰곰이 생각한다. '우리 아이의 어떤 점을 이야기해야 할까?', '우리 아이의 단점을 말해야 하나? 선생님이 우리 아이에 대해 편견을 가지시면 어쩌지?' 여러 가지 생각이 든다.

나 역시 부모가 되어 선생님이 아닌 학부모로 담임 선생님을 찾아가게 되면서 이와 같은 생각이 들었다.

개구쟁이 아들을 맡아주시는 초등학교 선생님과 상담을 하고 온 날이면 나 역시 긴장이 되었다. 너무 긴장이 되어 담임 선생님의 말씀을 핸드폰을 꺼내 녹음을 하고 싶어지기도 했다. 내 아이의 부족한 부분, 고쳐야 할 부분에 대해 말씀해주실 때 가슴이 철렁거리며 그날 밤에는 잠이 오지 않았다.

'어떤 점이 부족했던 거지?', '내가 잘못 지도한 부분이 있나?', '그러면 어떻게 지도하라는 거지?' 꼬리에 꼬리를 물고 생각이 들었다. 결국 '아니… 선생님이 방법을 알려주셔야지!', '진짜 우리 아이를 예뻐하지 않는 거 아니야?' 하는 원망의 마음도 들었다. 그때 난, 유치원 놀이터에서 만난 엄마들의 마음이 이거구나… 싶었다.

내가 유치원 교사이기에 유아 시기의 내 아이는 객관적으로 분석이 가능했던 것이다. 자녀의 행동에 대해 이해가 되니 담임 선생님의 말씀이 서운하지 않았다.

하지만 초등학생 아들을 키우며 객관적으로 아이를 바라보기 어려웠다. 나 역시 초등학교 학생들의 특성과 학업 정도, 교우관계를 자주 만나는 몇 명을 보며 비교할 수밖에 없었다. 지금 잘 성장하고 있는 것인지, 이런 행동이 일탈 행동인지 객관적으로 바라보기가 어려웠다. 발달 특성을 모르니 선생님의 말씀을 편안하게 받아들이기 어려웠다. 선생님께서 아들에 대해 "이런 점이 있고요, 이렇게 행동하고요."라는 말씀이 가슴에 박혀서 잊히지 않았다. "선생님께 잘 지도해주시기를 부탁드려요. 감사합니다."라는 말은 진심으로 나왔지만 선생님의 말씀을 되짚어보며 내 안에도 불편한 감정이 올라오는 것을 느꼈다.

내가 교사가 아닌 학부모의 입장에서 선생님을 만나니 많은 것들이 보였다. 그동안 나의 행동도 보였고, 엄마들의 반응도 이해가 되었다. 내 아이뿐인 학부모의 마음이 많이 와닿았다. 학부모 입장에서는 교사의 이야기가 이렇게 들릴 수 있었겠구나! 내가 미처 헤아리지 못했던 부분을 알게 되었다.

학부모 상담을 앞두고 고민하는 선생님들에게 '내 아이뿐인 학부모의 마음을 들어주세요.'라는 말을 전하고 싶다. 내 아이밖에 모르는 우리 엄마들이 듣고 싶은 말이 무엇일지 생각해보길 권한다. 유아들의 모든 면을 무조건 좋다고 표현하자는 것은 절대로 아니다. 교사는 유아의 발달 상황을 설명하고 그에 맞는 교육 방법을 찾아 지원해야 한다. 그러기 위해서는 학부모와의 연계 교육은 반드시 필요하다. 학부모님도 내 아이의 특성을 알고 교사의 지도에 따라 협조할 수 있도록 독려해야 한다. 그것이 교육 공동체 구성원의 협력 체계이다.

내가 전하고자 하는 의미는 선생님이 내 아이를 '모든 아이 중의 한 명'으로 인식하고 있는 것이 아니라, 우리 아이를 진심으로 사랑하고 예뻐하고 있다는 것을 전하자는 뜻이다. 교사는 유아의 놀이를 관찰하며 부모보다 더 아이의 특성을 잘 이해하고 있다. 유아들이 하는 놀이과정을 세심하게 관찰하고 유아들의 놀이 속 변화 과정에 대해 자세히 안내해드리자. 자녀의 세세한 반응을 기억하고 변화되고 있는 과정을 선생님이 지켜보며, 지원하고 응원하고 있다는 진심을 전하자. 선생님의 진심이 학부모님의 마음에 전해질 때 학부모님은 교사에게 긍정의 신뢰를 보낸다.

07

옆 반 선생님은 나의 아군이에요

하루의 가장 많은 시간을 유치원에서 보낸다. 유치원에서 만나는 동료와 가장 많은 시간을 공유하게 된다. 그러나 직장 동료와 즐겁게 보내는 것이 생각보다 쉽지 않다. 동료 교사와 공적인 관계 이외의 것은 선을 긋고 일하는 분들도 보았다. 심한 경우 사이가 틀어져 유치원을 옮기거나 휴직에 들어가는 선생님도 있다.

유치원 교사로 임용이 되어 정년까지 일을 하면 유치원 교사들은 유치원 여섯 곳만 이동하면 퇴직이다. 이처럼 우리의 인생에서 긴 시간을 함께 보내게 되는 귀한 인연들과 왜 사이가 틀어질까?

어느 날 평소 친하게 지내는 선생님께 전화가 걸려왔다. "선생님, 내 말을 좀 들어봐요. 우리 옆 반 선생님이 일을 이렇게 해놨어요. 문제가 생기기 전에 협의를 해야 하는 거 아니에요? 협의를 하지 않고, 자기가 하고 싶은 대로 일을 다 벌려놓았어요. 이 일을 도대체 어떻게 해결해야 해요?" 하며 하소연을 했다.

또 하루는 타 시도 단설 유치원에서 근무하는 선생님께 전화가 왔다. "선생님, 우리 부장님은 능력이 너무 뛰어나세요. 우리 부장님은 매일 밤 10시가 넘도록 퇴근을 하지 않아요. 부장님이 원하시는 대로 환경을 구성해야 하고, 부장님이 하라는 대로 행사를 진행해야 해요. 부장님처럼 10시 넘어서까지 일을 하지 않으면 우리는 능력 없는 교사, 일을 못하는 교사가 되어 있어요. 부장님은 일을 잘하시니깐 원장, 원감님께 예쁨을 받잖아요. 그리고 학부모들은 유치원이 화려하고 예쁘니 좋아하고 만족도가 높아요. 부장님처럼 일해서 결과가 좋으니 평가회 때 다른 의견을 낼 수가 없어요. 받아들여지지도 않고요. 유치원 가는 길이 지옥길이에요." 한바탕 하소연이 오간다.

선생님들의 이야기를 듣고 있자니, 가슴이 답답해온다. 서로의 입장을 이해할 수 없고, 갈등을 해결할 수 없을 정도로 벌어진 이 상황이 안타까웠다. 왜 이런 일들이 유치원 현장에서 일어날까? 고민에 빠진다.

교사들은 대부분 학급의 일을 혼자 책임지고 해결하니, 서로 간의 협력하는 방법을 모르는 걸까? 아니면 옆 반 선생님보다 더 잘한다는 평가를 받고 싶은 것일까? 그것도 아니면 나의 능력을 과시하고 싶은 것일까?

어느 공동체이든 조직이든 서로를 온전히 이해하고 받아들여지는 곳은 흔치 않다. 종교집단뿐 아니라 가족도 서로를 온전히 이해하고 받아들이지 않을 때가 더 많다. 하루의 가장 많은 시간을 함께 보내는 동료가 아군이 아닌 적군처럼 느껴진다면 어떨까? 생각만 해도 출근길이 지옥길인 듯싶다.

유치원 교육과정의 목표에 '서로가 다름을 알고 이해하고 존중하는 태도를 기른다'라고 명시되어 있다. 우리가 미래 사회를 이끌어갈 유아들에게 가장 중요하게 지도하는 것이 위의 목표이다. 교사들은 유아들이 '서로의 생각이 다름을 알고 이해하고 존중하는 태도'를 기르기 위해 서로 합의를 거치는 이야기 나누기를 계획하고 지도한다.

학급에서 약속을 정할 때도 교사가 혼자 정한 약속과 유아들이 서로 합의해서 정한 약속에 따라 유아들의 약속을 지키는 모습이 다르다는 것을 알 수 있다. 교사가 혼자 정한 약속은 아이들에게 약속을 지켜야 한다는 동기를 불러일으키지 못한다.

유아들에게 '어떻게 생각하니?', '이 문제를 어떻게 해결하면 좋을까?' 라고 질문하며 합의된 약속은 유아들 스스로 지키려고 노력하는 모습이 보인다.

이런 경험이 풍부하고 잘 알고 있는 유치원 교사들이 왜 유아들처럼 민주적인 문화를 형성하는 것에 어려움을 느낄까?

한 학급 교사를 제외한 유치원은 유치원 운영에 대한 회의를 거치게 된다. 하지만 유치원의 회의 시간에는 유아들에게 질문을 하듯 "어떻게 생각하세요?", "우리 함께 할 수 있는 방법은 무엇이 있을까요?"라는 질문을 던지지 않는다. "자신의 생각을 자유롭게 이야기해보세요."라는 질문에 관리자의 의견이 우선되고, 보직 교사와 선배 교사의 의견이 우선이 된다.

그러면 우리가 모두의 의견을 수용하지 못하고, 관리자와 보직 교사, 선배의 의견에 따르게 되는 이유가 무엇일까? 우리 안의 합의가 이루어지지 않는 이유는 무엇일까? 생각해보자.

우리가 함께 근무하는 유치원의 비전과 공동체성을 함께 공유하지 못하기 때문이다. 교육과정을 구성할 때 모두가 합의된 교육과정을 구성하고 유치원 비전을 설정해야 한다. 갈등이 생겼을 때 우리는 어떻게 해결해나갈 것인지 구체적으로 의논하는 과정이 필요하다.

우리도 유아들에게 '이런 문제가 생기면 어떻게 하면 좋을까?'라고 예상되는 문제에 대해 미리 이야기를 나누지 않는가! 하지만 우리는 이런 질문을 나눌 기회가 없다. 그 이유는 숨 가쁘게 운영되는 유치원에서 서로 간의 합의를 이끄는 데는 시간이 너무 많이 걸리기 때문이다.

『교사가 먼저 시작하는 학교자치 스쿨퍼실리테이션』에는 『비통한 자들을 위한 정치학』이라는 책의 존 울만(John Woolman, 1720~1772)의 이야기가 나온다. 존 울만은 퀘이커 교도다. 퀘이커 교도는 중요한 사안에 대해 논의를 거칠 때는 다수결의 법칙으로 정하지 않는다. 성가신 의견을 내는 사람을 쫓아내지도 않는다. 서로가 다름을 인정하고 서로 간의 합의가 이루어질 때까지 경청하고 이야기를 한다고 한다.

'성가신 의견'을 내는 사람. 우리는 회의를 할 때 나와 생각이 다른 사람의 의견을 '성가신 의견'으로 치부해버리지 않는가? 아니면 나의 의견이 관리자, 보직 교사, 선배 교사, 동료 교사에게 '성가신 의견'으로 생각될까 두려워 의견을 내지 않는가?

선생님들의 '성가신 의견'이 유치원 공동체를 만들어갈 때 중요한 키워드가 될 수 있다. 나와 함께 일하는 동료들의 가치관, 교육관을 이해할 수 있다. 공동체 안에서 나누는 다양한 의견들이 신뢰를 바탕으로 '합의'에 이르기까지 많은 시간이 필요할 것이다.

1년 내내 유치원은 바쁘다. 나에게 맡겨진 업무만 이해하고 해결해나가는 것도 버거울 때가 있다. 이렇게 바쁘게 시간에 쫓길 때는 속으로 '관리자가 원하시는 내용을 속 시원하게 말씀해주셨으면 좋겠다.'라는 생각이 들 때도 있다. 어차피 말해도 들어주지 않는데 '네, 알겠습니다. 하는 것이 더 좋겠다.'라는 생각이 든다. '이건 내 일이 아니니깐, 참견하지 말자. 신경 쓰지 말자.' 외면하고 싶은 마음이 든다.

우리가 일하는 일터는 함께 만들어가는 곳임을 잊지 않아야 한다. 우리는 하나의 팀이다. 우리의 유치원에서 누구를 위해 일하는 것이 아니라, 함께하는 공동체가 함께 만들어가는 유치원을 만들어야 한다. 우리가 하나의 공동체를 구성해나가는 일원임을 기억해야 한다. 나의 동료들의 의견을 경청하고 합의에 이를 때까지 서로 조율하는 과정을 거쳐야 한다.

서로 간의 신뢰가 쌓인다면 옆 반 동료는 나에게 든든한 지원군이 될 수 있다. '이웃사촌'이라는 말도 있고 "가까운 이웃이 먼 친척보다 낫다." 라는 옛 속담도 있지 않은가! 내가 힘들고 지칠 때 내가 말하지 않아도 나의 마음을 알아주고 도와줄 수 있는 사람은 지금 나와 가장 가까이 있는 사람이다.

내가 먼저 다가가고, 동료의 어려움을 물어봐준다면 어떨까? 동료의 의견이 번거롭고 성가신 이야기가 아니라 우리가 함께 비전을 나누고 꿈꾸는 과정에 꼭 필요한 이야기라고 받아들이면 어떨까?

우리가 서로를 바라보는 마음을 '신뢰'와 '존중'을 바탕으로 다가간다면 나와 함께 일하는 동료들은 경쟁 대상이 아니다. 시기 질투의 대상이 아니다. 나를 힘들게 하는 사람이 아닌 나를 응원해주는 사람이다. 나를 가장 잘 알고 지원해주는 든든한 아군이라는 것을 알게 될 것이다.

08

옆 반 선생님과 칭찬 릴레이를 해보세요

유치원 선생님들은 유아들의 작은 부분까지 체크하고 확인하여 긍정적인 칭찬을 한다. 고사리 같은 손으로 외투를 정리하는 것을 보면 "오~ 잘 걸었네~! 옷도 이제 혼자 정리 잘하네."라며 칭찬한다. 종이의 끝과 끝을 맞추기 어렵던 유아들이 색종이 접기를 시작하면 "우와~ 이제 끝을 잘 맞출 수 있구나~!" 칭찬한다. 밥을 혼자 못 먹던 유아가 바르게 앉아 숟가락질을 하는 것만 봐도 "이젠 바르게 앉아 밥도 잘 먹고, 의젓하구나~" 칭찬을 아끼지 않는다.

선생님들은 유아들의 변화 과정을 열심히 칭찬해주는 칭찬 로봇이다. 선생님들이 이렇게 유아들을 세세하게 관찰하고 변화 과정에 대해 칭찬을 아끼지 않는 이유가 무엇일까? 칭찬을 받은 유아들이 교사에게 인정받으며 자존감이 높아지기 때문이다.

유아들에게 칭찬을 열심히 하면 유아들도 서로에게 칭찬의 말을 하게 된다. "가는 말이 고와야 오는 말이 곱다."라는 말이 있지 않은가! "친구가 레고로 집을 만들기 위해 정말 생각을 많이 했을 거야~! 나만의 집을 만들기 위해 노력한 친구에게 어떤 점이 좋은지 칭찬해줄까?" 하며 칭찬 릴레이를 제안한다.

유아들은 친구의 작품을 보며 "알록달록 색깔이 예뻐요.", "창문을 많이 만들어서 멋져요.", "화단에 꽃을 다양하게 심어놔서 좋은 집처럼 보여요." 등등 친구들의 잘한 점을 하나씩 찾아 칭찬해준다.

레고로 멋진 집을 만든 친구는 친구들이 구체적으로 칭찬해주는 이야기를 들으며 활짝 웃음꽃이 핀다. 그리고 자신이 왜 이렇게 만들었는지, 어떤 생각을 하며 만들었는지 설명하기 시작한다.

나는 유아들이 서로 칭찬을 주고받을 때 약속을 정해준다. 친구의 모습을 보며 "그냥 좋아, 그냥 예뻐."로 표현하면 안 된다. 어떤 점이 좋았는지 구체적으로 표현하는 것을 약속으로 정한다. 그리고 다른 친구가 칭찬한 것이 아닌 다른 면을 칭찬해주자고 제안한다. 그러면 유아들은 친구의 모습을 자세히 관찰하고 작은 변화까지 찾으려고 노력한다.

칭찬을 주고받는 경험은 매우 중요하다. 나와 다른 사람의 바라보는 시선이 부정이 아닌 긍정이라는 것을 가르친다.

유아들을 바라보는 시선으로 나의 동료들을 바라보면 어떨까? 우리는 하나의 팀이고 옆 반 동료가 힘을 내야 나도 힘이 난다. 나만 혼자 잘한다고 이끌어갈 수 있는 공동체가 아니지 않은가? 그러면 함께 힘이 나며 좋은 시너지를 낼 수 있는 방법은 무엇일까?

가끔 동료들이 나에게 "칭찬의 은사가 있으세요?", "맨날 잘한다고 칭찬하세요?"라고 묻는다. 우스갯소리로 "영혼 없는 칭찬처럼 들리지는 않죠?" 하고 농담을 건네며 함께 웃는다.

유치원은 웃음이 흘러넘쳐야 한다. 선생님들은 작은 칭찬으로도 힘이 난다. 유치원 교사들은 학급의 유아들만 상대하는 것이 아니다. 학부모, 조부모까지 상대하며 감정적 소모를 많이 하는 직업이다.

감정적 소모에 에너지를 쏟기 때문에 교사들은 스스로를 돌보는 것에 익숙하지 않다. 교사인 나의 입장보다 유아들의 입장을 들여다보고, 학부모의 마음을 읽어드리는 것에 익숙하며 나보다 다른 사람의 입장을 먼저 생각하는 경우가 많다.

그렇다 보니, 스스로 위축되고 자존감이 떨어진 교사들을 주위에서 많이 본다. 유치원 일은 버거운데 해야 할 일은 줄어들지 않는다. 열심히 해도 칭찬보다는 비난받지 않으면 감사하다. 하루 종일 몸과 마음을 바쁘게 움직이다 보면 모든 에너지가 소진되는 경험을 한다. 퇴근할 때가 되면 오늘도 '하루살이구나.'라는 느낌이 몰려올 때가 있다.

에너지가 소진되어 힘들어하는 동료들에게는 칭찬만큼 큰 위로가 없다. 충분히 칭찬 받을 자격이 있는 선생님들이다. "누구나 힘들어할 수 있어요. 괜찮아요. 그럴 수 있어요." 위로와 함께 "지금 잘하고 있어요." 칭찬해보자. 선생님의 작은 변화와 노력을 함께 인정해주고 칭찬해주면 그 에너지가 유치원 안에 돌고 흘러넘친다.

칭찬의 에너지는 정말 크다. 칭찬 릴레이를 통해 서로 칭찬을 주고받으면 어색했던 분위기가 따뜻한 분위기로 바뀐다. 칭찬을 하기 위해서는 상대방의 행동과 변화를 잘 관찰해야 한다. 상대방의 변화된 과정, 노력하고 있는 모습을 구체적으로 격려하고 칭찬해야 한다. 상대방의 변화 과정을 찾으려고 노력하다 보면 그 사람에게 내 마음이 먼저 움직인다. 상대방의 상황이 눈에 들어오고, 상대방이 필요로 하는 것이 무엇인지 느껴진다.

어울림 학습 공동체 선생님들을 만나면 행복하다. 선생님들과의 대화는 상대방에게 힘을 불어 넣어준다. 서로 나누는 대화 속에 상대방을 향한 존중과 신뢰가 느껴진다. 어울림 학습 공동체 선생님들의 만남은 무엇이 다른가? 이것 역시 칭찬의 힘이다.

학습 공동체에서 수업을 나누고 수업을 반성적으로 되돌아보는 성찰 과정 속에는 비난이 없다. 동료 교사의 수업에서 나의 모습을 보는 것이지, 동료 교사의 수업을 분석하며 의미를 부여하지 않는다.

학습 공동체에서 고민을 이야기하고, 자신의 수업을 되돌아보는 과정만으로 발표자에게는 충분한 의미가 있다. 수업에 참관하는 교사들은 동료 교사의 수업을 통해 나의 모습을 되돌아본다. 이 과정에서 우리는 미처 생각하지 못했던 부분을 발견하며 수업 나눔 발표자에게 칭찬을 아끼지 않는다.

서로의 수업을 함께 보며 칭찬 릴레이로 소감을 나누다 보면 부족하다고만 느껴졌던 나의 수업에 자신감이 생긴다. 다른 선생님들의 수업에서 적용된 부분을 나에게 맞게 시도해보고 어울림 학습 공동체에서 적용 사례를 나누며 나의 수업이 신장된다. 이 과정에서 또 서로에게 긍정적인 칭찬 릴레이가 이어진다.

사람은 누구나 기대를 받으면 그 기대에 부응하고 싶다는 마음이 생긴다. 나를 응원해주고 믿어주고, 지원해주는 사람을 내 곁에 채워야 한다. 나의 일상이 곧 우리 옆 반 선생님의 일상일 것이다. 항상 바쁘고, 내 몸보다 다른 것들을 챙기며 나 자신을 놓치고 살아가는 모습이 비슷하다.

우리는 하나의 팀이라는 것을 다시 한번 강조하고 싶다. 옆 반 선생님과 칭찬 릴레이를 하자. 서로에게 경쟁자, 부담스러운 존재가 아닌 든든한 버팀목이 되어주자. 옆 반 선생님이 든든히 서고 행복해지면 그 에너지가 나에게도 흘러오게 된다. 내가 먼저 옆 반 선생님에게 친절하게 웃음의 미소를 전해보자. 내가 먼저 옆 반 선생님에게 응원의 힘을 얹어 칭찬을 해보자. 그 에너지는 나에게 돌고 돌아 나와 동료 교사 사이에 더 큰 시너지가 될 것이다.

"선생님, 오늘 더 밝게 웃으시네요~"

"오늘도 환하게 웃으며 인사를 해주시니 기분이 좋아요."

"유아들에게 친절하게 말씀하시는 선생님의 모습을 본받고 싶어요."

"선생님이 제 옆에 계셔서 든든해요."

"선생님이 저의 부족한 부분을 채워주셔서 감사합니다."

"선생님 덕분에 오늘 하루도 잘 마무리합니다."

"선생님, 잘하실 수 있어요."

"선생님, 힘드셨을 텐데, 이렇게 잘 해내시다니 대단하세요."

우리가 유아들의 작은 변화에 민감하게 반응하며 변화된 내용을 격려하고 칭찬하듯 나와 한 팀인 옆 반 선생님에게 먼저 칭찬의 릴레이를 시작해보자. 이 칭찬 릴레이가 우리 유치원에 가득 넘칠 때에 더 행복한 유치원이 될 것이다. 칭찬 릴레이, 내가 먼저 시작하자.

4장

열정과 희생 사이에서
흔들리지 않는
교사가 되는 방법

열정이 희생이 되지 않는 나만의 하루 루틴

유치원 선생님이 되고 난 후 항상 바빴다. "선생님들은 방학이 있지 않느냐?" 반문을 하는 사람들도 있다. 하지만 방학은 방학대로 바쁘다. 방학 동안에 등원하는 맞벌이 가정 유아들을 지도해야 한다. 새로운 교육과정을 연구하고 연수도 들어야 한다. 방학 때 교사들이 쉬고 있다는 것은 큰 오산이다.

유치원에는 교사들이 편안히 앉아 커피 한잔 마실 만한 공간이 없다. 원무실 작은 책상에 앉아 겨우 숨을 고르며 업무를 본다. 하루는 유치원에 앉아 있는 것이 너무 답답했다. 바깥 햇살은 너무 예쁜데, 할 일이 너무 많다. 갑자기 하늘을 바라볼 마음의 여유가 없구나 싶었다. 하늘에 날아가는 새가 부러운 마음이 들었다.

그 누구보다 열심히 최선을 다해 사는데 다람쥐 쳇바퀴 도는 이 느낌은 왜 드는 걸까? 나는 유치원 교사라는 직업이 천직이라는 생각을 하면서 살았다. 유치원에서 유아들과 함께하는 생활이 좋았다. 나를 보며 활짝 웃어주는 유아들이 예쁘다. 나를 믿고 따라오는 유아들이 좋은 모습으로 변해가는 것을 보면 기쁘다. 학부모들께 감사 인사를 들으며 보람과 성취감으로 행복하다. 하지만 이런 기쁨과 만족감을 느껴도 유치원이 답답했다.

나의 열정이 유치원에 대한 희생으로 묻혀버리는 것만 같은 느낌이 든다. 대학 때부터 유아교육은 과도기라는 말을 들었다. 대학을 졸업하고 현장에 온 지 16년이 지났지만 여전히 과도기이다. 오히려 더 많이 어려워졌다. 유아교육의 시스템은 시대를 못 따라가고 교육부의 골칫덩이가 된 느낌이다.

현실이 답답하다고 생각하고 낙담만 하고 있자니, 속이 쓰렸다. 함께 일하는 동료들의 삶을 살펴봐도 나와 비슷하다. 다들 유치원 일에 허덕이고, 가정일에 허덕이며 하루하루를 버티는 것처럼 보인다. 동료들의 삶 안에도 기쁨과 행복, 만족감이 있겠지만, 그들도 실상 나처럼 지쳐 있다. 하루하루가 급급해 뒤를 돌아보며 여유 있게 생각을 돌아볼 시간도 없는 듯하다.

이렇게 열심히 사는데 내 인생이 허무하다고 느껴지다니… 이건 아니라고 생각했다. 변화가 필요했다. 무엇인가 나에게 새로운 삶의 목표가 주어져야만 할 것 같았다. 나의 삶이 다람쥐 쳇바퀴처럼 돌아간다는 것은 무엇인가 잘못됐다는 생각이 들었다. 열심히 살면 조금씩이라도 앞으로 나아가야 하지 않겠는가! 나는 더 행복해져야 하지 않겠는가? 내가 행복해지지 않는다면 나의 일이 소중해도 나에게는 희생일 뿐이다.

나의 삶의 다른 결과를 기대하기 위해서는 변화가 필요하다. 내가 무엇부터 시작할 수 있을까? 나의 하루를 돌아보면 유치원과 집안일에 나를 돌아볼 여유가 없었다. 내가 나를 위해 시간을 만들어보는 것부터 시작하자. 나를 위해 시간을 갖자. 유치원과 살림, 육아가 아닌 오직 나만을 위한 시간을 갖자. 그리고 나의 비전을 위한 시간으로 활용하자. 선생님이 아닌, 엄마가 아닌 온전히 나를 위한 일로 채우기로 결심했다.

평소보다 하루를 2시간 먼저 시작하며 나의 삶을 점검하기 위해 To Do List를 적어나갔다. To Do List에 감사일기, 운동, 독서의 시간을 하나씩 넣었다.

To Do List

1. 마음공부 책 읽기

1. 경제 서적 읽기

1. 자기계발서 읽기

1. 감사일기 작성하기

1. 꿈노트 작성하기

1. 운동 시간 확보하기

오랜만에 To Do List를 적어보니, 성취감이 생겼다. 적어놓은 리스트를 실천하기 위해 버려졌던 자투리 시간을 찾아내 활용했다. 읽고 싶은 책을 하나씩 구입해 책장에 모으기 시작했다.

마음공부를 하기 위해 평소 읽던 유아교육 관련 서적이 아닌 다른 책을 구입했다. 기독교 서적, 불교 서적 등 신앙을 떠나 마음 수양을 할 수 있는 책들을 읽었다. 우물 안 개구리가 되지 않기 위해 경제, 자기계발 서적을 구입했다. 나를 위해 운동을 등록하고 시간과 돈을 들였다.

"우주의 기운은 자석과 같아서 우리가 어두운 마음을 지니고 있으면 어두운 기운이 몰려온다. 그러나 밝은 마음을 지니고 긍정적이고 낙관적

으로 살면 밝은 기운이 밀려와 우리의 삶을 밝게 비춘다." -법정스님

법정스님의 말씀처럼 마음공부 책을 읽으니 밝은 기운이 내 삶을 비춘다. 마음공부 책을 읽으며 눈에 들어오는 글귀를 카드 뉴스로 만들었다. 이렇게 만든 카드 뉴스를 나의 가족과 지인, 동료에게 보냈다. 나에게 힘이 되어준 글을 나와 내 가족, 지인, 동료에게 전하고 싶었다. 내가 보낸 글을 읽고 힘이 난다고 연락을 주는 지인과 동료가 많아졌다. 이런 피드백을 주는 지인과 동료에게 고마운 마음을 표현하며 더 즐거워졌다.

"감사일기를 만들어 매일 밤 고마운 것들, 다섯 가지를 적어라. 새로운 희망으로 나아가게 될 것이다." - 오프라 윈프리

오프라 윈프리의 말은 옳다. 감사일기를 쓰니 감사한 일들이 점점 더 많아졌다. 남편에게도, 내 아이들에게도, 동료에게도, 우리 반 유아들에게도 감사한 마음이 커졌다. 사소한 일상의 소중함이 느껴졌다. 사소한 것들에 대한 감사는 나의 관계를 회복시켰다. 사춘기 아들과 딸에게 잔소리 대신 감사의 말을 전하니 엄마 앞에서 웃음이 많아졌다. 남편에게 감사의 말을 전하니 바라보는 눈빛이 온기로 가득하다. 동료들에게 감사의 말을 표현하니 불만이 아닌 응원의 메시지가 돌아온다. 감사한 마음으로 교실로 들어가니 유아들의 행동이 기특하고 사랑스럽게 보인다.

'메타버스', '블록체인', '4차 산업혁명', '경영사설', '부동산' 등 세상 돌아 가는 이야기를 이해하니, 나의 교사로서의 교육관이 더 확실해졌다. 변 화하는 시대에 우리 유아들에게 어떤 교육이 필요한지 이해하게 되니 놀 이중심 교육과정의 필요성을 더 확실하게 이해하게 되었다.

동료들과 나누는 대화의 주제가 달라졌다. 유치원에서 힘든 일만 주고 받는 것이 아니라, 미래 교육을 위해 유치원 교사로서 어떤 목적의식을 가져야 하는지, 유치원 교사의 역할이 무엇인지 다시 상기하게 된다.

운동을 하니 체력이 좋아졌다. 아이들 학원비는 아깝지 않았으면서 나 에게 쓰는 건 왜 이렇게 아까웠을까? 체력이 좋아지니 유치원과 집에서 도 피곤함이 덜하다. 수업이 끝나면 지친 기색이 역력했는데 체력적으로 여유가 생겼다. 바쁜 일상을 이겨낼 힘이 생긴다.

교사로서의 삶을 성공으로 이끌고 싶다면 나만의 하루 루틴을 세워보 자. 항상 다른 사람을 위해 돌렸던 나의 눈을 나 자신에게 돌려보자.

나의 열정이 내가 아닌 다른 사람을 위한 희생으로 치부되지 않아야 한다. 나만을 위한 To Do List를 적어보자. 나의 삶에 대한 열정이 다른 사람을 위한 길보다 먼저 나를 세우는 힘이 되길 바란다.

02

선생님, 1%의 열정도 복리로 키우자

재테크 열풍이다. 많은 부를 얻은 투자자들의 상당수가 자신이 부자가 된 비결 중 하나로 '복리'를 꼽는다. '복리'는 원금과 이자에 또다시 이자가 붙어 시간이 흐를수록 돈이 눈덩이처럼 불어나는 원리를 말한다. 20세기의 최고의 수학자 아이슈타인은 "인류가 발견한 가장 위대한 법칙 중 하나가 복리의 발명이며, 이는 세계 8대 불가사의다."라고 말했다.

재테크를 통해 시드머니가 든든한 자산가치로 변하는 과정을 누구나 갈망하고 열망한다. 그럼 재테크의 시작은 무엇일까? 많은 전문가들이 재테크의 시작은 시드머니를 모으는 것에서 시작된다고 조언한다.

이 복리의 법칙은 재테크에만 적용이 가능할까? 아인슈타인이 말한 위대한 이 복리의 법칙을 우리 선생님들에게 적용시켜보자. 선생님들의 열정이 복리로 불어나려면 어떻게 하면 좋을까? 워렌 버핏이 젊은 나이에 투자조합을 만들어 성공했듯이 우리도 서로 열정을 모을 수 있는 모임을 만들 수 있을까?

우리도 열정을 모아 서로에게 시너지가 되는 모임을 만들 수 있다. 그리고 이미 우리 주변에는 선생님들이 함께 뜻을 모아 열정을 쏟고 있는 모임이 많이 있다. 수업 친구, 연구회, 독서 모임, 학교 안 학습 공동체, 학교 밖 학습 공동체 등 다양한 모임에 참여해보자.

『교사, 함께 할수록 빛나는』의 저자 김종훈 선생님은 21세기 교사의 전문성은 개인적 차원이 아닌 공동체의 차원에서 이해해야 한다고 했다. 더 이상 교사는 혼자 일하지 않는다. 협력과 연계를 통해 학교와 교실의 크고 작은 문제를 해결해나간다고 했다. 이 시대의 교사의 전문성은 공동체적이라고 명시했다.

나 역시 이 말에 공감한다. 교사들이 함께 머리를 맞대고 문제의 해결 방법을 찾아나갈 때 그 효과가 높다. 아무리 뛰어난 개인도 공동체의 집단지성을 뛰어넘을 수 없다. 한 사람 한 사람의 경험이 모여 새로운 방법을 고안해낼 수 있다. 이것이 복리의 효과가 아닐까? 나의 투자금이 투자 대비 배로 커지는 것과 같이, 여러 선생님들의 집단지성이 모이며 더 큰 시너지를 발휘한다.

나는 나의 열정의 복리를 더 크게 키우기 위해 여러 개의 각기 다른 연구 모임에 참여한다. 투자도 분산 투자를 하면 손실에 대한 두려움 없이 이겨낼 힘이 있다고 하지 않았는가. 나 역시 연구 모임의 성향에 따라 받게 되는 에너지가 다르다. 모두 유아들을 위하고, 교사를 위한 모임이지만 선생님들의 에너지가 다르다.

각 연구 모임은 유아교육이 나아갈 방향에 대해서 다각도로 접근하려고 노력한다. 내가 참여하고 있는 A 연구 모임은 유아교육의 원격교육 방향에 대해 고민하며 경기도 교육청의 '놀이온' 활동을 지원하기 위한 학습 공동체이다. '놀이온'은 경기도 교육청에서 만든 유치원 원격교육 지원을 위한 플랫폼이다. 선생님들과 함께 연구한 수업을 학급에 적용시키고 유아들의 활동 영상을 촬영하여 동영상으로 편집하고 온라인 플랫폼에 게시한다.

놀이중심 교육과정을 처음 접하는 교사들과 놀이중심 교육과정에 대한 실천 방법에 대해 고민하시는 선생님들을 지원하기 위한 플랫폼이다. 또한 코로나 시대의 원격수업을 대비하며 가정과 연계한 수업 자료들을 안내하고 있다.

놀이온 플랫폼은 유튜브에 탑재되어 경기도 교육청 소속 선생님뿐 아니라 누구든지 이용이 가능하다. 사립 유치원과 어린이집 선생님뿐 아니라 학부모들도 다양한 놀이중심 교육과정의 실천 방법을 안내받을 수 있다.

B 수업친구 학습 공동체는 함께 모여 수업 수다를 나눈다. 수업 수다 모임 선생님들은 유치원 정책 이야기, 미래 교육에 관한 이야기, 수업 연구대회 이야기, 학급 이야기 등 다양한 주제에 대해 이야기를 나눈다. 선생님들과 유아교육의 정책과 수업에 대한 이야기를 나누다 보면 내 자리에서 내가 할 수 있는 일이 무엇인지 생각하게 된다.

학급 담임으로서의 교사의 역할도 매우 중요하지만, 유아교육의 발전을 위해 유치원 교사로서 각자의 자리에서 해야 할 일들이 있다. 내게 주어진 자리에서 어떤 일들을 해나갈 수 있는지 선생님들과 대화를 나누며 그 방향이 명확해진다.

내가 이처럼 책을 펴내고자 했던 이유도 선생님들이 각자의 자리에서 할 수 있는 영향력에 대해 이야기를 주고받으며 동기가 부여되었기 때문이다.

다른 구성원들은 유아교육의 현실에 대해 알리기 위해 연구학회에 현상황을 투고하고, 혁신 유치원에서 유치원의 민주적인 혁신 방향에 대해 논의하며 지원하기 위한 역할을 하고 계신다.

각자의 자리에서 열심히 최선을 다해 노력하다가도 지치고 힘들 때가 있다. 이때 선생님들은 함께 모여 서로를 응원하고 다독인다. 그러면 상처로 사그라졌던 열정이 다시 살아나는 것을 느낀다.

C 학교 밖 학습 공동체는 앞 장에서도 언급했던 관내 어울림 학습 공동체이다. 경기도 교육청에서는 6년 전부터 유치원 교사들 간의 연구 모임인 어울림 학습 공동체를 구성하여 운영하고 있다. 어울림 학습 공동체는 선생님들의 수업 성찰을 지원한다.

기존의 컨설팅 장학과 우수 수업 연수로는 선생님들에게 교육활동에 대한 핀셋 지원이 어려웠다. 최근 선생님들의 내면의 변화와 성찰을 이끌어내기 위한 교사 지원 방법으로 전문적 학습 공동체가 각광을 받고 있다. 전문적 학습 공동체는 동료 교사 간의 집단지성을 활용하여 교사들이 자신의 내면을 돌아볼 수 있는 기회를 제공한다.

자기 반성과 성찰 과정은 교사의 전문성을 향상시킨다. 교사들은 전문적 학습 공동체 속에서 유치원과 학급에서 겪는 어려움을 이겨내고 교사로서의 자존감을 회복하며 교사로서의 전문성을 발전시켜나간다.

요즘 힙한 〈삼프로 TV 경제의 신과 함께〉의 김동환 소장의 인터뷰 내용을 보았다. 김동환 소장은 경제적 자유를 얻기 위해서는 "본업에 충실하고, 본질을 지켜라. 모든 직장인이 부지런하게 일을 하고 재테크도 해서 성공한 것은 아니다. 하지만 경제적 자유를 이룬 사람들은 기본적으로 본업의 소중함을 알기에 대충 일하지 않는다. 잊지 말아야 한다. 그들은 기본적인 자세가 되어 있었기에 재테크가 아니더라도 다른 분야에서 성공할 수 있었을 것이다."라고 말했다.

나와 함께 근무하는 선생님들은 나에게 열정이 넘친다고 말한다. 몇 년 전만 해도 열정이 넘치지 않았다. 육아와 일에 정신없이 치이며 살았다. 나 스스로 내 얼굴을 봤을 때 지친 기력이 가득했다. 예전에는 동료들에게 "요즘 많이 힘들죠? 피곤해요?"라는 말을 더 많이 들었다. 이랬던 나에게 동료 선생님들은 "열정이 어떻게 그렇게 맨날 넘쳐요! 도대체 몇 가지 일을 하는 거예요. 그게 가능해요?"라고 반문하여 묻는다. 또 어려운 일이거나 힘든 일이 생겼을 때 나를 찾는다. 나와 통화를 하고 나면 속이 후련해지고, 생각이 바뀐다고 했다.

내가 이렇게 열정적으로 나의 일에 최선을 다할 수 있는 이유는 나의 1%의 열정을 복리로 만들어주는 여러 공동체 선생님들 덕분이다.

성공 철학자 짐 론은 "당신은 가장 친하게 지내는 다섯 사람의 평균"이라는 명언을 남겼다. 나는 내 곁에 나를 응원해주고 지지해줄 선생님들을 곁에 두고자 노력했다. 내가 힘들고 지칠 때 나를 바닥까지 끌어당길 사람이 아니라, 나의 손을 잡고 일으켜 세워줄 동료가 옆에 있길 바랐다.

이런 노력 덕분에 내 주위에는 나보다 훨씬 훌륭하고 열정이 가득한 선생님들이 아주 많이 계신다. 내가 놓치고 보지 못했던 부분을 챙겨주시고, 항상 나의 편이 되어 응원해주시는 선생님들이 옆에 계신다. 이들과 내가 할 수 있는 한 최선을 다해 즐겁게 교직 생활을 하고 싶다. 이분들 덕분에 나의 열정은, 그분들의 열정은 차곡차곡 복리로 불어나고 있다.

흔들리지 않고 피는 꽃은 없다

1만 시간의 법칙을 깬 거인들의 61가지 전략 『타이탄의 도구들』에는 이런 말이 나온다.

"더 나은 사람이 되려면 우리는 실수와 한계를 드러내는 일에 두려움을 갖지 않아야 한다. 가장 많은 실수와 한계를 드러내는 사람이 가장 열심히 노력하는 사람이다. 그러니 그것들을 보여주는 건 자랑스러운 일이지, 부끄러워할 이유가 아니다." – 팀 페리스

팀 펠리스의 말처럼 실수는 노력한 결과의 하나이고, 자랑스러운 일이

다. 다른 사람에게 보이기 싫다고 시도조차 하지 않는 사람들이 얼마나 많은가! 아무 일도 하지 않으면 아무것도 변하지 않으나 실수는 노력의 흔적이고 앞으로 나아가기 위한 과정이다.

교직 생활을 하다 보면 주변 때문에 힘들 때가 있다. 학급의 문제 행동을 하는 유아들에게 상처를 받아 힘들 때도 있다. 내 아이만 보이는 막무가내 학부모님 때문에 극도의 스트레스에 시달리게 될 때도 있다. 뜻이 맞지 않은 관리자로 인해 자율성이 박탈당하고, 자괴감에 빠질 때도 있다. 동료와의 갈등으로 몸과 마음이 지칠 때도 있다. 가정과 일 사이에서 모든 것이 버거울 때도 있다.

주변의 문제뿐 아니라 내 안의 감정으로 버거움을 느끼고 흔들릴 때도 있다. 스스로 아무것도 할 수 없다고 느껴지는 감정으로 번아웃이 올 때도 있다. 학급 관리가 뜻대로 되지 않을 때 좌절감을 느끼며 교사 효능감이 낮아질 때도 있다. 무엇이든 잘하는 동료와 나의 모습을 비교하며 위축이 될 때도 있다.

유치원 교직 생활 16년 동안의 시간을 돌아보며 힘들지 않았던 순간은 없다. 그동안 만나왔던 많은 유아들은 단 한 명도 같은 유아가 없었다. 각기 다른 성향의 유아들을 만나며 나의 지도 방법이 통하지 않아 힘들어한 적도 많다.

특히 1장에서 밝혔던 H는 지금도 가슴이 아프다. H의 모습을 다듬어주고 더 사랑으로 품었어야 했다. 하지만 그때는 방법을 몰랐다. 오히려 선생님을 어른으로 대접하지 않는 H의 모습에 모멸감을 느꼈었다.

H의 마음을 헤아려보려고 하지 않았다. 오히려 H의 탓을 하고, 학부모 탓만 했었다. 결국 그렇게 보내버렸던 H가 가장 많이 생각이 난다.

내 자식밖에 보이지 않는 학부모의 부당한 행동으로 인해 학부모와 큰 다툼을 일으켜 여러 사람을 곤란에 빠트린 적도 있었다.

지속적으로 불합리한 것을 요구했던 학부모였기에 그 스트레스가 너무 심했다. 세상천지 자신의 자녀밖에 보이지 않는 학부모가 있다. 이런 학부모이기에 선생님께 특별히 자신의 자녀를 더 신경 써달라고 할 수도 있었다. 무리한 요구를 받아들일 수는 없었다. 그러나 인정받길 원했던 학부모의 마음은 받아줬어야 했다. 그때 나는 노련하고 유연하지 못해 학부모에게 옳고 그름의 잣대로 상대했다. 결국은 돌이킬 수 없는 상처를 나도 받고, 학부모에게도 드렸다.

수업에 대한 교사의 효능감도 낮았었다. 둘째를 임신하며 들어간 휴직으로 나는 3년간 육아휴직 후 복직을 했다. 그때 경단녀가 된다는 것은 이런 것이구나 하고 느꼈다. 3년의 시간 동안 나는 육아를 지속해왔기에 교사로서의 감을 잃지 않았을 것이라 생각했다. 하지만 현장은 많은 것들이 변해 있었다.

교육과정도 달라져 있었고, 업무 시스템도 달라져 있었다. 교육과정의 연수도 받지 못한 상황에서 바뀐 교육과정으로 수업해야 했다. 갑자기 신규 아닌 신규가 되어 있었다.

유치원 업무 시스템도 달라졌다. 옆 반 선생님은 척척 하는 일을 나는 서툴렀다. 한두 번 동료에게 물어보며 업무를 했지만 도통 업무가 익숙해지지 않았다. 알려주는 동료의 말을 한 번에 이해하지 못하고 여러 번 되묻게 되는 내가 부끄러웠다.

시인 도종환의 〈흔들리며 피는 꽃〉

흔들리지 않고 피는 꽃이 어디 있으랴
이 세상 그 어떤 아름다운 꽃들도
다 흔들리면서 피었나니
… (중략) …
바람과 비에 젖으며 꽃잎 따뜻하게 피웠나니
젖지 않고 가는 삶이 어디 있으랴

삶이 힘들고 지칠 때 이 시를 읊어본다. '바람과 비에 젖으며 꽃잎 따뜻하게 피웠나니!' 결국 꽃은 활짝 피었다. 그것도 아름답게 피었다.

흔들리는 줄기가 곧게 세워지기 위해서는 비바람을 이겨낼 영양분이 땅속에 가득해야 한다. 땅속 영양분이 줄기를 곧게 세우고 비바람에도 꺾이지 않을 만큼 줄기를 강하게 키워내야 한다. 여린 줄기를 품은 토양이 아닌, 강한 줄기를 품은 토양을 채우기 위한 노력은 무엇이 있을까?

야나두의 김민철 대표는 '실패 장인'으로 불린다. '실패 장인' 김민철 대표는 누군가 "야, 너도 할 수 있어!"라고 해준 말 덕분에 지금의 자리에 서 있다고 했다. 언제나 이 말이 힘들 때 일어날 수 있는 힘을 주었고, 절망에 빠졌을 때 희망을 찾게 했으며, 궁지에 몰렸을 때 벗어나게 하는 원동력이 되었다고 말한다. 이 의지가 10년간 스물네 번이나 사업에 실패했으며 150억 원을 잃었던 그를 성공자의 반열에 올려두게 했다.

김민철 대표의 사례는 흔들리는 현실 속에서 어려움을 겪고 있는 사람들에게 큰 위로가 될 것이다.

나 역시 그랬다. 힘들고 지칠 때마다 "야! 나도 할 수 있어!" 스스로 외쳤다. 그리고 내가 해야 할 일을 찾아 실행했다. 나의 잘못은 무엇이었고, 내가 부족한 점이 무엇이었는지 복기하는 과정을 항상 가졌다.

나에게 무기력함과 번아웃을 주었던 H를 다시 만난다면 나는 어떻게 할까? 또 포기하고 1년만 무사히 지나가길 바랄 수는 없다. 이번에는 H의 마음을 이해해주기 위해 내 안의 그릇을 넓히기 위해 공부할 것이다.

유아뿐 아니라 부모의 마음을 이해시키고 교사의 생각을 오해 없이 받아들이게 하기 위한 상호 작용 방법을 연구할 것이다. 자녀에 대한 걱정과 자녀를 지원하기 위한 교사의 진심이 와닿을 수 있는 말이 무엇일까 고민할 것이다.

흔들리지 않고 피는 꽃은 없다. 교직 생활을 하며 힘이 들지 않는 순간은 없을 것이다. 하지만 비바람을 맞고 힘들 때 나의 시선을 어디에 두고 살아갈 것인지 그 선택은 나에게 있다. 비바람을 맞으며 우두커니 현실에 안주해버릴수도 있다. 현실이 변하지 않을 것이다. 비바람을 견디며 더 밝게 피워낼 꽃을 상상해보자. 나에게 필요한 영양분이 무엇인지 찾아나가면 더 좋은 사람들을 곁에 두게 될 것이다.

나는 힘이 들 때마다 나의 곁에서 가장 성공하고, 긍정적인 사람을 찾아 나섰다. 학습 공동체 선생님들을 찾아가 상담하고, 수석 선생님을 찾아가 조언을 구했다. 또 유아 교사뿐 아니라 다른 길에서 성공한 사람들을 찾아 나섰다. 각자의 자리에서 성공한 사람들의 조언은 그 길이 같지 않아도 서로 통한다. 자신의 삶을 아름답게 가꿔나간 성공자들의 조언은 나에게 더 큰 비전을 품게 했고, 세상을 더 크게 바라볼 수 있게 하였다.

04

교사에게 가장 필요한 능력, 메타인지

몇 년 전 아들의 중학교 배정을 앞두고, 학원에서 특목고 입시 설명회 문자가 왔다. 입시 설명회에 가면 어떤 이야기를 들을 수 있을까? 특목고에 뜻이 있는 상황은 아니었지만, 그래도 궁금했다. 퇴근을 하고 학원으로 향했다. 대학 입시 설명회도 아닌데 많은 학부모님들이 자리를 가득 채우고 있었다.

강사님은 자신의 이력을 소개한 후, 공부 잘하는 아이의 특성과 열심히 해도 성적이 오르지 않는 아이들의 특성에 대해 설명하기 시작했다.

"공부를 열심히 하는데, 성적이 나오지 않는 학생과 짧은 시간 안에 고

효율을 높이는 학생의 차이를 아십니까?"

"그건 바로 메타인지입니다."

"어머님들 메타인지라고 들어보셨습니까?"

"메타인지는 뇌에서 가장 늦게 발달하는 영역이기도 합니다."

"메타인지는 내가 알고 있는 것과 모르고 있는 것의 차이를 구별하는 최상위의 사고방식입니다."

이 말을 듣고 난 후 '메타인지'라는 말이 계속 생각이 났다. 내가 알고 있는 것과 모르는 것을 분명하게 알아야 공부의 효율도 높이고, 일의 효율도 높일 수 있겠구나… 맞는 말이구나 싶었다.

학부모님과 상담을 하다 보면 자녀의 성격과 성향, 좋아하는 것에 대해 자세히 말씀해주시는 부모님이 계신다. 또 어떤 학부모님들은 자녀의 행동을 보면 "왜 그럴까요? 모든 것이 걱정이에요." 말씀하시며 걱정을 한가득 안고 오시는 분들도 계신다.

1년에 정기적으로 두 번 학부모 상담을 한다. 1학기는 학부모님들의 자녀 양육관이나 특성에 대해 이야기를 많이 나눈다. 2학기는 지금까지 유치원에서 관찰한 자녀의 성향에 대해 말씀드리며 유치원과 가정에서의 지원 방법에 대해 이야기를 나눈다.

A 유아의 학부모는 "우리 A는 아주 예민해요. 남자아이라 A 아빠는 걱정이 많아요. 좀 강한 아이가 되라고 훈육을 하는데 그게 잘 되질 않아요." 걱정부터 한다. 그런데 유치원에서 보이는 A의 성향은 예민한 아이가 아니라 섬세한 아이였다. 섬세하여 탐색하는 시간이 길고 다른 친구의 기분이 상하지 않도록 친절하게 대화를 이끄는 친구였다. A의 섬세함 덕분에 많은 친구들이 A를 모범적으로 생각하고 함께 놀이하고 싶어 했다.

　하지만 가정에서는 A를 예민하다고 보고, "남자아이가 그렇게 예민하면 되겠어?", "씩씩하게 인사도 하고, 동생한테 싫으면 싫다고 표현을 해야지!" 하며 강압적인 태도로 훈육을 했다. 나는 어머님의 말에 하나하나 근거를 들어 A의 성격에 대해 설명해드렸다.

　"어머님, 우리 A는 예민하고 소심한 게 아니라 아주 섬세해요. 예민해서 감정 조절을 못 하거나 소심하지 않아요. A는 모든 상황을 세심하게 관찰해요. 내가 혼자 할 수 있는 것과 하지 못하는 것을 정확하게 알아요. 그래서 저에게 질문할 때도 '선생님, 제가 여기까지는 혼자 할 수 있는데, 다음은 혼자 하기가 어려워요.'라고 정확하게 말해요. 저는 A가 관찰하는 시간이 길고, 섬세하게 접근하는 친구라 활동의 바운더리를 넓게 제공해요. 그러면 편안하게 탐색하고 스스로 완성도를 높이며 만족감을 느껴요. 스스로 잘하는 어린이에요."

어머님은 교사인 나의 말에 어리둥절하면서 집에서의 태도에 대해 얘기해주셨다.

"선생님, 집에서는 제가 무엇을 하자고 하면 하기 싫다고 짜증을 많이 내요. 스스로 잘하는 아이라니요?"라고 말씀하시며 고개를 갸웃거린다. 무엇 하나 시킬 때마다 아이와의 신경전에 속이 많이 탄 듯했다.

"A는 스스로 잘하는 것과 도움이 필요한 것을 알고 있어요. 하지만 어머님께서 정해주신 약속과 방법이 A는 버거운 거예요. 지금 말씀하시는 규칙이 어머님 기준에서는 '이 정도쯤이야 해야지.' 하시는데 A는 그게 싫은 거예요. A는 관찰할 시간도 많이 줘야 하고, 약속도 좀 느슨하게 해주셔야 해요. 그러면 그 안에서 스스로 해야 할 일을 다 찾아서 하는 아이에요. 제가 보기에 어머님의 규칙이 좀 타이트해요. 스스로 알아서 잘 크는 스타일입니다. A는 오히려 어머님의 잔소리가 독이 될 수 있어요."라고 차근차근 설명을 해 드렸다.

A 학부모의 상황별 유아의 반응에 대한 질문에 유치원에서 한 행동을 빗대어 설명을 해드렸다. A 학부모는 상담이 끝난 후 A가 유치원을 편안해하고 좋아하는 이유를 알겠다고 하셨다. 어머님은 어려운 육아의 길을 찾아낸듯 편안한 표정으로 돌아가셨다.

B 유아가 6월에 전학을 왔다. 부모님은 "우리 아이는 수줍음이 많아요. 기존에 다니던 어린이집 선생님께도 적응하는 데 시간이 오래 걸렸어요."라고 말씀하시며 입학 상담을 해왔다. 나는 B를 만나기 전에 수줍음이 얼마나 많으면 어머님이 저렇게 걱정을 하실까? 너무나 걱정을 많이 하신 학부모의 모습에 덩달아 걱정이 되었다. 6월쯤이면 대충 또래 관계가 형성되어 중간 전학을 오는 유아들이 간혹 어려움을 겪기도 한다. 나는 B가 어떤 친구인지 긴장하며 맞이했다.

B와 한 달을 보내고, 어머님께 전화를 드렸다.

"어머님, B는 유치원 한 달 다녔는데~ 어떻게 지낸 것 같으세요?"

"B는 집에서는 동생과 어떤 놀이를 잘하나요?" B의 집에서의 모습을 물으니, 나의 판단이 더 명확해졌다.

나 역시 'B는 수줍음이 아주 많구나!'라고 생각할 수 있었다. 친구와의 상호 작용만 되지 않을 뿐 유치원의 활동에는 눈치껏 따라 했다. 말을 하지 않지만 친구들에게 눈웃음을 보이기도 했고, 하고 싶은 것이 있으면 나의 옷을 끌어당기기도 했다. 자세히 관찰하지 않으면 친구들하고 잘 놀고 있구나! 싶기도 했다.

나는 어머님께 유치원에서의 태도에 대해 말씀드리고 '선택적 함묵증'에 대해 알아보신 후 방학 기간을 이용하여 심리 상담을 받아보길 권했다. 어머님은 많이 놀라고 속상해하셨지만 심리 상담을 받으셨다. 그 결과 나의 예상과 같이 '선택적 함묵증' 진단이 나왔다. 추후 B는 특수지원을 받으며 심리 치료를 병행하고 있다.

집에서는 동생과 상호 작용도 잘하고, 유치원에 있었던 일도 곧잘 이야기하는 B였기에 부모님은 처음 적응 기간에만 힘들어하는구나 생각하셨다고 했다. 간혹 낯선 곳에 가면 갑자기 말을 하지 않고 눈치를 보는 모습이 마음에 걸렸지만 가정에서는 말을 잘했기에 심리 상담이 필요한 정도라고 생각하지 못했다고 했다.

내가 아는 것과 모르는 것을 정확하게 파악할 수 있는 메타인지는 모든 사람에게 필요하다. 나에 대한 정확한 판단이 있을 때 제대로 된 방향을 설정할 수 있기 때문이다. 특히 성인에게 의존하며 성장해나가는 유아들을 지도하는 데 메타인지 능력이 더 많이 요구된다.

선생님들의 메타인지를 높일 수 있는 방법은 무엇일까?

첫째, 유아들을 지속적으로 관찰하며 그 변화 과정을 기록해야 한다. 유아들의 특성에 따라 비계설정을 지원하며 유아들이 스스로 할 수 있는 영역과 도움이 필요한 영역에 대한 인식이 필요하다. 선생님들의 비계설정의 오차를 줄이기 위해서는 유아들의 특성을 있는 그대로 관찰할 수 있는 능력이 필요하다. 유아들의 놀이과정을 분석하며 유아들의 인지 수

준과 사회성, 창의성 등의 다양한 부분을 세심하게 파악하기 위해 노력해야 한다.

둘째, 가정과 연계한 상담 시간을 수시로 가져야 한다. 유치원에서 느끼는 어려움을 선생님에게 표현하기 어려워하는 유아들이 있다. 유치원과 가정에서의 행동이 다른 경우도 있다. 유아들의 행동의 특성을 정확하게 파악하기 위해서는 학부모와의 긴밀한 소통이 그 무엇보다 중요하다.

셋째, 선생님들이 분석한 과정과 지원 방법이 적절한지를 들여다보는 검증 과정이 필요하다. 선생님들은 나의 수업 방향이 옳은지 동료들과의 집단지성을 활용하여 성찰 과정을 거쳐야 한다. 학급에서의 유아들의 변화 과정을 학습 공동체 활동을 통해 사례를 공유하며 나의 수업을 성찰할 수 있는 태도가 필요하다.

선생님들에게 가장 필요한 능력이 메타인지인 이유는 우리가 지도하는 유아들은 미성숙하기 때문이다. 미성숙한 유아들이 표현하는 비언어적인 특성까지 파악하여 지원해주는 만큼 유아들은 성장해나간다. 성인의 영향을 가장 많이 받으며 흡수해나가는 유아기이기에 교사의 길잡이 능력이 가장 중요하다.

05

선생님의 행복 조망권을 높여라

집을 고르는 조건 중 하나는 조망권이다. 집의 향을 선택하는 것만큼 집안에서 밖을 내다보는 조망이 어떠한지 체크하는 것도 매우 중요하다.

집에 머물며 밖을 내다볼 때 한강이 펼쳐져 있다면 어떨까? 낮에는 가슴이 뻥 뚫릴 만큼 시원한 뷰를 바라보고, 저녁에는 아름다운 불빛이 수놓은 듯 펼쳐진 야경을 감상하게 된다면 더없이 좋지 않을까?

우리의 인생도 이처럼 시원하고 아름답게 펼쳐진다면 어떨까? 생각만 해도 흥분된다. 누구나 행복하게 살고 싶어 한다. 모든 일이 잘되길 바란다. 나 역시 그렇다.

『놓치고 싶지 않은 나의 꿈 나의 인생』의 저자 나폴레온 힐은 이렇게 말했다.

"행복해지려면 행복하듯이 행동해야 한다. 새로운 사고로써 새로운 행동에 이를 수 있듯 새로운 행동으로써 새로운 사고에 이를 수 있다. 열정적인 사람이 돼라. 열정적인 생각을 가지면 열정적으로 행동하게 된다. 미소를 지어라. 자신에게, 그리고 세상을 향해. 그러면 당신이 굳이 정신을 집중하지 않아도 내면의 기쁨과 열정이 저절로 솟아나는 것을 체험할 것이다. 사람들은 긍정적인 사람을 보며, 그런 사람과 가까이 지내고 싶어 한다."

나는 나폴레온 힐의 말이 나의 삶에서 그대로 펼쳐지고 있는 것을 경험하는 중이다.

가끔 주위에서 나에게 왜 그렇게 열심히 사는지 묻는 사람들이 있다. 유치원 교사, 강사, 멘토 교사 그리고 재테크 공부와 살림까지 하고 있는 나의 모습을 보며 왜 이렇게 열심히 사는지 궁금해하는 사람들이 많다.

나는 좋은 선생님이 되고 싶었다. 나와 인연을 맺게 된 유아들에게 좋은 기억을 심어주고 싶었다. 나는 조금 더 좋은 선생님이 되기 위해 열심히 노력했다. 내가 좋은 선생님이 되면 나의 아이들도 좋은 선생님을 만날 것이라는 확신이 있었다.

나는 나를 통해 조금씩 변화되는 유아들을 보면 행복했다. 나에게 큰 위로와 응원을 받았다고 말씀하시는 학부모를 만나면 행복했다. 나를 좋은 교사라고 말씀해주시는 동료들 덕분에 행복했다.

나는 나를 믿어주는 사람들 덕분에 더 열심히 하고 싶었다. 그 마음으로 수업 연구도 열심히 했고, 학습 공동체 핵심 리더의 역할도 꾸준히 하며 나의 역량을 높이기 위해 노력했다.

내가 열심히 연구하는 모습을 좋게 봐주신 선생님들 덕에 여러 연수원에 강사로 초빙되었다. 강사를 하다 보니 멘토 교사가 되었고, 컨설팅 강사도 되었다.

그리고 나는 내가 열심히 일한 노동의 가치가 더 빛나길 바라는 마음으로 재테크 공부도 열심히 하고 있다. 내가 열심히 일한 가치로 경제적 자유와 시간적 자유를 얻어 나의 삶을 더 풍요롭게 만들고 싶은 마음이 크다.

나폴레온 힐의 "새로운 사고로써 새로운 행동에 이르고, 새로운 행동으로써 새로운 사고에 이를 수 있다"는 말처럼 내가 하고 있는 일들이 서로 다 연결되어 나의 삶의 행복 조망권을 더 높게 만들고 있다.

나는 여러 책을 읽으며 "성공해서 책을 쓰는 것이 아니라 책을 써야 성공한다."라는 글을 보았다. 이 글을 보며 '아! 나도 책을 써야겠구나!' 하는 마음이 강하게 들었다.

나는 작가의 길을 생각해보지 않았다. 평소 유치원에서 학부모님들에게 나가는 가정통신문과 공문을 만들 때 글을 쓰는 게 고작이었던 나였기에 작가가 되어야겠다는 생각을 해본 적은 없다.

그런 내가 저 글을 보는 순간 끌렸다. 성공의 기준은 각자 다 다르기에 성공의 목표를 말하는 것은 어렵다. 하지만 성공에 대한 확신은 중요하다. 내가 성공자로서의 삶을 살아가고 있다는 확신이 결과물로 나온다는 것은 멋진 일이라고 생각했다.

나는 일반적으로 성공한 사람이 책을 쓴다고 생각했다. 성공자의 삶을 많은 사람들이 궁금해할 것이라 생각했다. 하지만 우리에게 더 많은 위로와 공감을 불러일으키는 것은 나와 비슷한 상황들의 소소한 이야기일 수 있구나… 하는 생각이 들었다.

나에게는 매일 다채롭게 벌어지는 소소한 일들이 얼마나 많은가! 생기발랄한 우리 반 유아들의 이야기가 있고, 학부모님들의 이야기가 있지 않은가! 여전히 서툰 유치원 선생님이 좌충우돌하며 성장해나간 성장 스토리가 있지 않은가! 나와 수많은 이야기를 나누며 함께 성장해가고 있는 나의 동료 선생님들의 휴먼 성장 스토리가 있지 않은가!

나에게는 책을 쓸 이유가 충분하다는 생각이 들었다.

"성공해서 책을 쓰는 것이 아니라 책을 써야 성공한다." 이 명언은 〈한 책협〉의 수장 김태광 대표 코치님이 하신 말씀이다. 〈한책협〉을 검색해 서 찾아보니, 엄청난 작가들을 배출하는 곳이었다. 〈한책협〉은 평범한 사람들에게 작가로서의 삶을 살아갈 수 있는 드림 로드를 만들어주는 곳 이다.

작가의 꿈을 실현하는 것이 어디 쉬운 일인가! 하지만 〈한책협〉의 김 태광 대표코치는 누구든 작가로서의 삶을 살아갈 수 있다고 말한다. 또 한 그 결과들을 보여주고 있다.

〈한책협〉에서 책 쓰기 특강을 받는 동안 나에게는 큰 의식 변화가 생 겼다. 〈한책협〉의 김태광 코치님은 어려운 환경을 이겨내고 스스로 자수 성가하며, 큰 부와 함께 의식 성장을 이루었다.

성공한 사람들의 마인드는 평범한 사람들과 다르다는 말을 들어본 적 이 있을 것이다. 나는 그 말이 무엇인지 〈한책협〉을 통해 알게 되었다. 〈한책협〉의 권동희 대표님의 '의식 성장' 과정에서 자신의 삶을 아름답게 열정적으로 가꿔나가는 작가님들의 삶을 보았다.

어려운 환경도 긍정적인 씨앗으로 바라보며 행복함으로 가득 채운 드림 워커들의 삶을 보았다. 이 긍정의 씨앗들은 어디에서 나오는 것일까? 작가님들은 어떻게 이렇게 매일이 행복하고 즐거울까? 성경에 '범사에 감사하라.'라는 말씀이 있다. 나는 말씀이 실현되는 과정을 〈한책협〉에서 보았다.

〈한책협〉의 많은 작가님들은 드림 워커 메신저의 삶을 다양하게 살고 계셨다. 글을 써 작가가 되며 강연가, 상담가, 코칭가 등 다양한 영역에서 꿈을 펼치는 분들을 보았다. 이 모든 과정을 이끄는 〈한책협〉을 통해 나 역시 드림 워커의 삶을 살아갈 수 있을 것이라는 확신이 들었다.

나에게 꿈을 제시하고 비전을 꿈꾸게 해주셨던 멘토 선생님들이 계신다. 서툰 유치원 교사로서의 삶을 살아가며 힘들고 쓰러졌던 날들이 많았다. 외롭고 힘들어 눈물을 흘렸던 일들도 있었다. 그때마다 나를 위로해주고 손잡아주셨던 선배 선생님과 동료가 있었다. 나는 선배 선생님과 동료 선생님들의 손을 잡고 함께 나아갔기에 성장해나갈 수 있었다. 성장해나가기 위해서는 함께 나아갈 벗이 필요하다. 멘토가 필요하다.

나는 이제 유치원 교사로서 드림 워커 메신저의 삶을 꿈꾸고 있다. 나와 함께 소통하며 삶을 방향을 잡아나갈 선생님들을 만나고 싶다. 내가 받았던 사랑의 손길을 내가 누군가에게 내밀어보고 싶다. 나의 책이 서툰 유치원 선생님으로 현장에서 고군분투하는 선생님들에게 내미는 손길이 되었으면 좋겠다. 나의 희망 이야기가 선생님들의 행복 조망권을 높이는 데 도움이 되었으면 좋겠다.

06

자존감을 회복하고 싶다면 말투를 바꿔라

"선생님반 아이들 표정이 밝아요. 정말 재미있게 유치원 생활을 하는 구나! 알 수 있었어요."

"아니에요. 선생님께서 좋게 봐주셔서 그렇지 사실 안 그래요."

"아유~ 저는 잘 못해요. 이번에는 애들이 재미있어하더라고요. 저는 잘 모르겠어요."

"선생님, 우리 새로운 활동을 함께 연구해볼까요?"

"아이고, 선생님, 지금 우리 힘으로 어떻게 그런 활동까지 해요?"

"선생님, 새로운 아이디어 없어요. 그냥 지금 하던 것도 벅차요."

"선생님, 우리가 지금 바쁘잖아요. 그런 것까지 생각하면 힘들어서 못 해요."

"선생님, 제가 좀 도와드릴까요?"
"아니에요, 이제 와서 무얼 해요. 저는 이제 나이가 많아요."

"선생님, 요즘 좀 편안하세요?"
"선생님, 정말 못살아요. 제가 도대체 왜 이런 상황에 놓여야 해요? 제가 왜 이런 일을 겪어야 하죠?"

위의 대화를 들으면 어떤 느낌이 드는가? 생각보다 멘토 교사로 선생님들을 만나 대화를 나누다 보면 이렇게 대답하시는 분들이 많으셔서 나는 적잖게 놀랐다.

항상 "바쁘다", "못한다", "부족하다", "할 수 없다", "어렵다", "다음에 할게요.", "저는 진짜 능력이 부족해요."라는 말이 앞에 나온다.

선생님들과 대화를 하면 내면의 낮은 자존감이 느껴진다. 낮은 자존감으로 인해 긍정적인 평가도 있는 그대로 받아들이지 못하는 모습을 많이 보았다. 충분히 잘하고 있는 상황에서도 항상 "나는 부족해요.", "나는 잘

못해요.", "어쩌다가 잘된 것뿐이에요." 자신을 낮추는 말씀을 하신다.

가끔은 선생님들께서 하시는 말씀이 겸손을 표현한 것인지, 아니면 정말 힘들다고 하는 것인지 헷갈릴 때도 있다. 이처럼 부정적인 대화가 오가면 상대방은 자신감 없는 사람, 부정적인 사고를 가진 사람으로 인식하게 된다.

존경하는 차동엽 신부님의 『무지개 원리』에는 현실을 바꾸기 위해서는 말을 바꾸어야 한다는 내용이 나온다. '안 된다', '버겁다', '끝장이다'라는 말은 그 사회를 죽음으로 몰고 가는 '쥐약'이다. 치사량이 넘으면 다 죽게 마련이다. 그러므로 '된다', '할 수 있다', '기회는 또 있다' 등의 긍정적인 말과 문화를 퍼트리는 것의 중요성을 강조한다.

우리 안의 부정적인 생각은 현실을 바꿀 수 있는 에너지가 없다. 부정적인 감정으로 내 안의 자존감만 무너트린다. 나의 생각뿐 아니라 나의 이야기에 공감하는 상대방의 기분도 부정적인 감정에 휩싸이게 한다. 부정적인 감정은 유치원 문화 조성에도 좋지 않다.

나의 생각을 바꾸고, 우리 안의 문화를 바꾸기 위해 긍정적인 말을 서로 주고받아야 한다. 일어난 일과 상황에 대해 사실과 의식을 분리하여 놓고 생각해야 한다. 부정적인 생각에 휩싸이면 부정적인 모습만 인식되고, 긍정적인 생각을 하면 긍정적인 모습만 보이게 마련이다.

차동엽 신부님은 생각에는 '결'이 있다는 점을 강조하셨다. 반복의 과정에서 어느새 자신의 생각에 '결'이 난다. 어떤 이에게는 부정적인 쪽으로, 어떤 이에게는 긍정적인 쪽으로, 이렇게 '결'이 나서 결국 '길'이 생긴다고 하였다.

나의 생각의 길이 어느 쪽으로 열리길 바라는가! 나의 자존감을 높이고 나의 생각을 긍정의 에너지로 채우기 위해서는 말투를 바꿔야 한다. 나에게서 나오는 말이 곧 나이고, 내가 하는 기도가 된다는 것을 기억하자.

그렇다면 자존감을 높이기 위한 말투는 어떤 것일까?

첫째, 부정적인 단어 대신 긍정적인 단어를 선택하자. '지금 나에게 일어나는 일은 다 의미 있는 일이구나!' 생각하며 긍정적으로 상황을 바꿔보자.

예를 들어, 유치원에서 새로운 업무가 맡겨졌을 때 '나는 잘 못하는데 어떡하지!' 걱정 대신 '새로운 것을 배울 기회가 생겼네~'로 불편하고 하기 싫은 상황을 의미 있는 상황으로 인식을 변화시키며 말해보자.

"우리 반에 힘든 아이가 왔어요. 저는 이번에 너무 힘든 해가 될 것 같아요." 대신 "그 친구 덕분에 유아의 특성에 대해 더 많이 공부하고 관찰하고 지원해볼 수 있는 한 해가 될 것 같아요."로 말하자. 힘든 유아가 아닌 나의 도움이 더 많이 필요한 유아로 생각이 바뀌며 내가 더 잘 지도할 수 있는 좋은 교사로 인식될 것이다.

여러 색을 섞으며 점토를 만들던 유아가 "망했어! 색깔이 안 나오잖아. 다 합쳐서 검은색을 만들어버릴 거야." 하며 짜증을 부리면, "원하던 색깔은 아니었지만 새로운 색깔 톤을 찾아냈는 걸, 다음번에 이 색이 필요할 수 있으니 지금 어떻게 만들었는지 잘 기억해두자."라고 말해보자. 유아들의 짜증 섞인 상황도 새로운 배움이 일어나는 상황으로 바꿔주는 더 훌륭한 교사로 인식될 것이다.

"선생님, 우리 아이는 친구들에게 인기가 없나요? 매일 친구 한 명하고만 놀았다고 말해요." 하며 걱정하는 학부모에게 "한 친구와 깊은 관계를 맺고 있는 중이에요. 나에게 가장 편한 친구의 성향을 알고 있는 거예요."라고 말해보자. 부모님의 걱정 어린 시선도 긍정적으로 상담해주는 선생님으로 성장해나갈 것이다.

둘째, 모든 말의 시작은 칭찬으로 바꿔라. 칭찬은 고래도 춤추게 한다고 했다. 나의 말과 생각에 가장 많은 영향을 받는 사람은 바로 나이다. 사람은 믿어주는 만큼 성장한다고 한다. 나를 믿고 내가 나 스스로를 지지할 때 나의 자존감은 자연스럽게 끌어올려질 것이다.

나와 상담을 하고 난 선생님들은 나에게 종종 이렇게 말한다. "선생님과 이야기를 나누면, 제가 엄청 지지를 받았다는 생각이 들어요. 나는 참 좋은 사람이구나! 하고 느끼게 해주셔서 감사해요."

나는 억지로라도 칭찬을 하라고 권한다. 나에 대해서 칭찬은 움츠러든 나의 내면을 치유하게 된다. 또한 나의 내면의 힘이 상대방을 향한 너그러운 마음으로 표현된다. 칭찬이 자기반성보다 더 훨씬 강한 힘을 발휘할 수 있다.

남아프리카의 바벰바 부족사회에서는 재판과 벌이 아닌 칭찬으로 부족사회의 규율을 익히게 한다. 바벰바 부족인들은 부족원 가운데 약속을 어기거나 그릇된 행동을 한 부족원이 있을 때 죄를 묻지 않는다. 이들은 잘못을 저지른 부족원을 마을 한가운데 세우고 차례로 돌아가며 잘못을 저지른 부족원이 평소에 한 선한 행위, 본받을 점에 대해 하나씩 이야기한다. 이와 같은 의식이 끝나면 부족원들은 마을 축제를 연다. 잘못한 부족원을 다시 하나의 일원으로 받아들이며 환영하기 위함이다. 이는 잘못한 부족원의 자존감을 살려주며 다시금 부족의 기대에 어긋나지 않게 하는 효과를 갖게 한다고 한다.

우리도 이처럼 잘못에 대한 자기반성과 질책 대신 나와 다른 사람에게 칭찬의 말을 해보자.

일의 능률이 오르지 않아 힘이 들 때 "나는 왜 이만큼밖에 못하지."라는 말 대신 "잘하고 있어. 최선을 다하고 있는 거야."라고 말해보자. 비록 생각했던 것만큼 일이 되지 않더라도 내가 최선을 다하고 있음을 스스로 인정하고 노력하는 태도를 칭찬해보자.

실수를 해서 속상해하고 자책하며 "죄송합니다."라고 말하는 교사에게 "왜 일을 제대로 못해."라는 말 대신 "다시 한 번 할 수 있는 기회를 준 거야, 선생님 덕분에 이런 일이 생길 수 있다는 것을 배웠네."라고 부드럽게 칭찬의 위로를 해보자.

칭찬도 연습이고 습관이다. 나에게 셀프 칭찬을 하며 자존감을 높이고, 나의 가족과 동료에게, 이웃에게 칭찬하며 그들의 자존감도 높여주자.

07

결정 근육을 키워라

결정 장애라는 말이 한동안 유행했었다. 맘카페에는 자신에게 필요한 물건을 대신 결정해달라고 올리는 분들도 꽤 있다. 얼굴 한 번 보지도 않은 분들에게 자신에게 어울리는 옷과 물건을 선택해달라는 모습과 선택해주는 모습에 놀랐다. 하지만 어느새 익숙한 모습이 되어 있다.

우리는 일상에서 아주 많은 것들을 선택하며 산다. 오늘은 무엇을 입을까, 무엇을 먹을까, 무엇부터 해야 하나 사소한 일부터 중요한 일까지 모두 나의 선택으로부터 시작된다. 생각보다 결정이라는 것이 어렵다. 우리는 왜 결정을 어렵다고 느낄까?

내가 한 결정에는 책임이 따르기 때문이다. 사람들은 책임에 대한 두려움을 가지고 있다. 두려움이라는 것은 나의 결정으로 벌어질 일에 대해 알지 못하는 것에서부터 오는 불안한 감정이다. 나의 결정으로 인해 벌어질 일이 예측이 가능하고, 해결이 가능하다면 두려움이라 말할 수 없을 것이다.

주철환 PD의 『오블라디 오블라다』를 읽다 보면 윌리암 포크너의 이야기가 나온다. 윌리암 포크너는 "남들보다 더 잘하려고 고민하지 마라. 지금의 나보다 더 잘하려고 하는 것이 중요하다."라고 한다.

고민이 시작될 때 '고민'이라는 단어를 '계획'으로 바꿔 생각하고 실행하라고 말한다. '고민'이라는 단어는 부정적인 의미가 내포되어 있지만 '계획'이라는 단어는 희망적이다.

문제가 있다면 계획을 세우고 해결하면 그만인 것이다. 그래도 안 된다면 그건 어쩔 수 없는 일이다. 생각하고 털어버리면 된다고 말한다.

나는 이 글을 읽으며 깊이 공감했다. 이 생각은 내가 동료들에게 가장 많이 하는 말이기 때문이다. 동료들이 고민하고 주저주저하며 일을 진행하지 못할 때 나는 이렇게 말한다.

"괜찮아요. 유치원에서 벌어지는 일은 다 사람이 하는 일이에요. 우리가 예상하지 못했던 일들이 생길 수 있어요. 생기면 그때 또 해결 방법을 찾으면 돼요. 걱정할 필요 없어요. 잘할 수 있는 방법만 생각해봐요!" 나는 항상 이런 생각으로 일한다. 덕분에 빠른 결단력과 실행력을 가지고 있다.

유치원 교육과정이 놀이중심 교육과정으로 바뀌며 새 교육과정을 위한 사전 연수가 시작되었다. 공사립 유치원 모두 기존의 누리중심 교육과정이 아닌 놀이중심 교육과정으로 교육과정을 편성 · 운영하라는 지침이 내려왔다.

선생님들은 이 공문을 받은 후 많은 걱정에 휩싸였다. 놀이중심 교육과정은 기존에 제공되었던 지도서도 없이 실행자료 몇 권이 배부된 것이 전부였다.

실행자료의 내용도 수업의 흐름이 몇 가지 안내된 것이 전부였다. 선생님들은 각 유치원의 상황과 교사의 역량이 다르기 때문에 놀이중심 교육과정에 대한 걱정이 앞서 시도조차 어려워하였다.

나 역시 그랬다. 놀이중심 교육과정의 연수를 받으며, 어떤 점에 중점을 두며 지도를 해야 하는지 해석하기가 어려웠다. 연수를 받고 난 후 동료 선생님들과 교육과정 협의회를 가졌는데, 같은 연수를 듣고도 제각각 이해하고 해석하는 정도가 달랐다.

모두 걱정 어린 눈빛으로 고민을 하고 있을 때 나와 우리 유치원 선생님들은 무조건 한번 시도해보자고 결정했다. 아무것도 모르면서 내년도 교육과정을 놀이중심으로 계획하기 어렵지 않겠는가!

나와 우리 유치원 선생님들은 연수를 받고 이해한 부분을 종합하여 교육과정 운영 시간을 조정했다. 기존의 1시간 자유선택 활동시간을 2시간으로 확대하고 유아들이 맘껏 놀 수 있는 환경을 제공했다.

맘껏 놀이 재료를 꺼내주다 보니, 유치원은 난장판이 되고, 교사들은 놀이를 관찰할 틈도 없었다. 유아들은 늘어난 놀이시간과 맘껏 제공되는 재료에 더없이 즐거운 시간을 보냈지만, 교사들은 놀이중심 교육과정을 할수록 어려워졌다.

어디까지 지원을 하고, 어디까지 허용을 해야 하는 것인지 파악하고 이끌어가는 것이 어려웠다.

우리의 수업을 보면 주위의 선생님들은 대단하다 싶으면서도 우리가 어떻게 풀어나갈지 걱정 어린 눈빛으로 바라봤다. 우리는 이때 또다시 결정했다. 모르면 알아보면 되지 않겠는가?

우리는 놀이중심 교육과정을 연수해주셨던 선생님의 유치원으로 무작정 찾아가겠노라고 연락을 드렸다. 우리의 연락을 받으신 유치원 선생님께서도 적잖게 당황을 하셨다. 나 역시 일면식도 없는 유치원에 전화해서 찾아가겠노라고 부탁을 드리는 것이 어려웠다. 하지만 우리가 겪은 문제를 상의할 곳을 찾고 싶었다.

우리는 선진화 유치원을 견학하고, 선생님들의 지도 노하우를 배웠다. 그 후 여러 시행착오를 겪으며 우리 유치원만의 놀이중심 교육과정을 편성하고 운영할 수 있게 되었다. 우리 유치원 선생님들 덕분에 우리 유치원은 교육과정 우수 유치원으로 인정받게 되었다.

나는 선생님들께 결정 근육을 키워야 한다고 말한다. 윌리엄 포크너의 말처럼 고민이 시작될 때는 '고민'을 '계획'으로 바꿔보자. 그리고 하나 더, 바로 '실행'하자.

나의 생각이 '계획'으로만 끝이 나면 안 된다. 일이 계획대로 이루어지도록 바로 '실행'해야 한다. 나는 실행력이 진정한 능력이라고 생각한다.

결정 근육을 키워 고민 대신 계획하고, 계획한 것을 바로 실행하는 능력은 비단 유치원 교사로서만 필요한 능력은 아니다. 우리의 삶 전반에 결정하고 계획하고 실행하는 능력이 필요하다. 나의 멘토 직부연아카데미 이나금 대표님은 목표를 이룬 사람과 이루지 못한 사람의 차이는 '할 수 있느냐'와 '할 수 없느냐'가 아니라 '했느냐'와 '안 했느냐'의 차이일 뿐이라고 하셨다.

결정 근육은 성공자의 삶을 꿈꾸며 인생을 리드하고 싶은 사람들에게 반드시 필요하다.

계획과 실행을 앞서 사람들은 '아직 때가 되지 않았다.', '아직 부족하다.', '바쁘다.', '여유가 없다.'라는 말을 하며 행동으로 옮기지 못한다.

이런 말들은 나에게 오는 기회를 잡을 수 없다. 내가 이 일을 할 수 있는지 없는지 고민하지 말자. 할 수 없다고 생각하면 할 수 없는 이유만 찾아 합리화하게 된다. 내가 할 수 있다고 생각하면 내가 해야만 하는 타당한 이유가 생긴다.

결정 근육을 키우기 위해서는 나의 비전과 목표가 분명해야 한다. 나의 삶의 비전과 목표가 무엇인지 명확하면 어려움이 와도 이겨낼 힘이 생긴다. 나의 삶의 비전과 목표에 선한 의지가 있고, 나의 행동이 나와 다른 사람에게 긍정적인 영향을 주는 것인지 짚어보자.

나의 선택이 나와 타인에게 동기부여가 된다면 더 이상 망설일 이유가 없다. 어떤 일을 해야 할지 말아야 할지 고민하지 말고 스스로를 믿고 일단 시작해보자.

나는 나에게 오는 기회를 아주 잘 활용하고 그 안에서 나의 비전과 꿈을 새롭게 새웠다. 나는 어렵고 힘들다고 내가 해야 할 일을 피하지 않았다. 내가 할 수 있는 방법을 알아보고 길을 찾기 위해 노력했다. 덕분에 내가 다른 누군가의 앞에서 강의를 할 수 있는 자신감이 생겼다. 나의 경험을 이야기하며 나와 같은 어려움을 겪고 삶의 희망을 노래하는 선생님들을 지원해주고 싶은 용기가 생겼다.

　나와 함께 같은 길을 걸어가고 있는 수많은 유치원 선생님들이 있다. 우리나라는 유치원 교사가 설 자리가 부족하고 근무 환경이 열악하다. 어린이집은 어린이집대로, 사립 유치원은 사립 유치원대로, 공립 유치원은 공립 유치원대로 처해 있는 상황이 다 다를 뿐이지 그 안에서 상처받고 힘들어하는 선생님들이 너무나 많다.

　나는 우리 선생님들을 응원하는 동기부여가의 메신저 역할을 꿈꾼다. 나는 이 꿈을 실천하기 위해 할 수 있느냐 없느냐 생각하지 않는다. 내가 노력을 다 했느냐, 하지 않았느냐만 생각한다.

　"나의 삶을 이끄는 것은 나다! 자신의 꿈을 만들어가지 못하면 남의 꿈을 이루는 데 이용될 것이다." – 암바나

5장

행복한 선생님이
행복한 아이를 만든다

편견 없이 다가오는 아이들,
편견 없이 다가가는 선생님

나는 국악 동요를 참 좋아한다. 유아들과 함께 모여 앉는 시간에 자주 틀어놓는다. 노랫말도 예쁘고, 민속 악기의 선율이 가슴에 더 와닿는다. 유치원 유아들이 따라 부르기 쉬운 멜로디가 편안하게 다가온다.

우리 반 애창곡은 바로 〈모두 다 꽃이야〉라는 동요이다.

〈모두 다 꽃이야〉

류형선 작사,작곡

산에 피어도 꽃이고, 들에 피어도 꽃이고

길가에 피어도 꽃이고 모두 다 꽃이야

(후략)

나는 이 가사를 들을 때마다 울컥하는 마음이 생긴다. 나는 〈모두 다 꽃이야〉 음률에 맞춰 우리 반 유아들의 이름으로 개사하여 부른다. "A도 꽃이고, B도 꽃이고, 선생님도 꽃이고 모두 다 꽃이야~" 노래를 불러줄 때는 호명한 친구의 얼굴을 바라보고 두 손으로 축복하며 부른다. 이것이 우리 반 약속이다.

노래를 만드신 류형선 작가님은 어떤 마음으로 노랫말을 만드셨을까? 나는 이 노래를 부르면 '우리 모두는 참 소중해' 하며 등을 어루만져주는 것 같다.

사람들은 봄에 알록달록 피어나는 짙은 색깔로 피어나는 개나리, 진달래꽃을 보며 희망을 노래하며 행복해한다. 벚꽃 잎이 흩날릴 때면 환호성을 부른다. 화려하게 피어난 꽃은 참 예쁘다. 하지만 길가에 띄엄띄엄

돌 틈에 피어 있는 꽃에는 눈길이 가지 않는다. 바닥의 돌부리 끝의 적은 흙을 영양분 삼아 피어 있는 꽃에는 이름조차 지어줄 생각을 하지 않는다.

많은 학부모님들이 내 아이가 똑똑하고 빠르고 야무졌으면 하는 마음을 가지고 있으며, 그 소망을 표현한다. 그래서 "우리 아이가 친구들 앞에서 발표를 잘하나요?", "활동을 잘 따라가나요?"는 학부모 상담 때 가장 많이 듣는 질문이다.

나는 이런 질문은 정말 솔직한 부모의 마음이라는 것을 안다. 두 아이를 키우는 나 역시 그렇다.

유치원에서 수많은 유아들을 만나다 보면 모두 다 정말 제각각 반짝반짝 빛이 난다. 말을 예쁘게 하는 아이, 그림을 잘 그리는 아이, 친구에게 친절하게 행동하는 아이, 노래를 잘하는 아이, 재미있는 생각을 잘하는 아이, 춤을 잘 추는 아이, 달리기를 잘하는 아이, 줄넘기를 잘하는 아이, 밥을 잘 먹는 아이, 선생님의 이야기를 잘 들어주는 아이 등 정말 모든 아이들이 제각각 자신만의 모습으로 꽃처럼 예쁘다.

사실 나는 아이들이 이렇게 예쁘다는 것을 느끼게 된 지 얼마 되지 않았다. 내가 하는 활동에 "싫어, 안 해, 재미없어."라고 말하는 아이가 얄

밉고 화가 났다. 친구들 말을 가로채며 "내 말부터 들어달라고요! 내가 일등이라고." 하는 아이들을 보면 '도대체 왜 저러는 거야!'라고 속으로 짜증을 냈다. "밥을 안 먹을 거예요."라고 반찬 투정을 하는 아이, 친구들을 괴롭히고 때리며 사건 사고를 일으키는 아이들을 보면 도대체 '이 엄마는 아이를 어떻게 키운 거야.' 속으로 답답해했다.

나의 말을 잘 듣고, 약속을 잘 지키며 친구들과 사이좋게 지내는 아이가 참 예뻤다. 그런 아이들 머리 한 번 더 쓰다듬게 되고, 어린이 선생님 역할을 시키며 친구들 앞에서 리더의 역할을 시켰다.

그러던 나에게 이 노래는 나의 모습을 반성하게 만들었다. 한글을 아직 못 읽어도 예쁘고, 수를 못 세어도 예쁘다. 노래를 못 불러도 예쁘고, 친구한테 짓궂게 행동해도 예쁘다. 밥을 안 먹어도 예쁘고, 가끔 새치기하며 장난을 쳐도 예쁘다. 울어도 예쁘고, 뛰어다녀도 예쁘다.

내가 선생님의 도움 없이도 야무지게 자기의 일을 스스로 잘하는 아이들을 선택하여 받을 수 없듯이 우리 유아들도 '저는 어떤 선생님이 좋아요.'라고 선택을 할 수 있지 않다. 우리 모두 서로를 그렇게 만났다.

나는 선생님의 위치에서 아이들의 행동을 보며 판단하고 잣대로 줄 세우고 나의 고정 관념으로 판단해버리며 지도할 수 있다. 하지만 우리 아이들은 나를 그냥 있는 그대로 좋아하고 내 앞에서 웃어준다.

어느 날 아이들의 이런 모습이 참 예뻤다. 내가 힘들어해도 앞에 와서 웃어주고, 나에게 혼이 나도 또 앞에 와서 환하게 웃는다. 우리 아이들은 우리 선생님은 이것은 잘하고, 이것은 못한다고 판단하지 않는다. 그냥 우리 선생님이니 있는 모습 그대로를 좋아하고 사랑해주며 우리 선생님이 최고라고 말해준다.

이런 아이들의 모습에 나 역시 이렇게 다가가려고 노력한다. 아이들이 행동에 부족한 모습이 있으면 내가 잘 이끌어주면 된다. 아이들이 힘들어하면 위로해주면 된다. 발달이 느린 친구를 만나면 조금 천천히 따라오게 하면 된다. 친구를 귀찮게 하는 아이는 더 사랑을 주고 예뻐해주며 표현하는 방법을 가르치면 된다.

봄에 활짝 피는 꽃이 있고, 여름에 피는 꽃이 있고, 가을에도 피는 꽃이 있다. 추운 눈바람을 맞으며 피어나는 동백꽃도 있지 않은가.
지금 잘 못해도 점점 잘할 수 있다 믿어주며 지도하면 된다. 지금 행동이 더뎌도 점점 조금씩 자라난다 응원해주면 된다.

아이들이 나를 다른 반 선생님과 비교하며 맞아주지 않듯이 나도 우리 아이들을 그렇게 맞이하려고 한다.

나의 이런 마음이 유아들에게 통했을까? 우리 반 아이들은 유치원을 참 편안한 마음으로 다닌다. 그리고 친구들을 이해하고 다독이며 이끄는 능력이 뛰어나다. 친구가 울고 있으면 놀리는 친구가 없다. 옆에 다가가 위로의 말을 건넨다. 나는 이렇게 친구를 위하고 따뜻하게 배려하는 친구들을 만나면 가슴이 뭉클하고 행복하다.

지난 졸업식에는 우리 반 아이들은 모두 다 다른 상장을 받았다. 한 명 한 명 친구의 칭찬을 찾아 친구에게 가장 어울리는 상장을 함께 만들어 줬다. 나는 이 과정에서 아이들이 친구들의 장점을 너무나 잘 파악하고 있다는 것을 알았다.

친절 마음상, 천재 과학상, 반짝 아이디어상, 줄넘기상, 만들기 뚝딱 상….

모두 다 아름다운 꽃으로 기대하며 믿어주고 지원해주었더니, 어느 순간 아름다운 꽃으로 서로를 바라본다. 어른들은 변하는 것을 두려워하는데 아이들은 잘 받아들인다.

02

실수하면 어때!
아이들과 함께 만들어가는 교실입니다

나는 강의를 시작하기 전에 "누구나 쉽게 할 수 있는 만만한 수업을 보여드리겠습니다."라고 말하며 시작한다. 내가 이렇게 말하면 다소 실망한 듯 표정을 짓는 분이 있고, 이런 말을 하는 내가 재미있다는 표정으로 쳐다보는 분도 있다.

내가 이처럼 말을 하고 강의를 시작하는 이유는 나는 뭔가 화려하고 대단하다고 말할 수 있는 수업을 하지 않고, 하지도 못하기 때문이다. 우수 사례 수업을 듣다 보면 유아들의 작품이 미술 전시관에 걸려야 할 것처럼 멋진 경우가 많다. 어떻게 이런 생각들을 다 하셨을까 하며 감탄하게 된다.

유아들이 함께 만들어낸 결과물이 교실에 전시되어 있을 때 미적 감각이 뛰어난 선생님의 수업은 정말 다른 결과를 만들어낸다. 하지만 내 수업은 겉으로 보기에 아주 평범하다. 예쁘게 꾸며진 것이 거의 없다. 나는 유아들 작품을 있는 그대로 활용한다.

그래서 나의 수업 사례를 들을 때 화려한 기술과 아이디어를 배울 수는 없다. 대신 나의 강점인 유아들의 생각을 듣고 이끌어주고, 유아들의 자존감을 높이는 대화에 포커스를 맞춰 들어야 한다.

나는 유치원 교사들이 갖추면 참 좋을 손재주가 없다. 말 그대로 똥손이다. 대학을 다닐 때는 교재교구 만들기 과목이 제일 싫었다. 친구들은 도안 없이 그림을 잘 그리는데, 나는 그렸다 하면 졸라맨이 되었다. 벌써 20년 전이지만 유치원 실습을 갔을 때 지도 선생님께서 교구 3개를 만들어 오라고 하셨었는데 정말 울면서 만들었던 기억이 난다. 나는 손재주가 없어 유치원 교사의 자질이 없다고 생각했었다. 다행히 시대가 바뀌고 손재주와 상관없이 뭐든 뚝딱 만들 수 있는 시대이니 참 좋다.

나는 무엇인가를 화려하게 만들고, 수업을 빛나게 하는 재주가 없다. 우리 반 유아들이 만든 작품을 멋지게 꾸며서 빛나게 만들어 가정으로 보내고 싶고, 전시도 하고 싶은데 나는 그걸 못 한다.

교실의 게시판을 꾸미는 것이 너무 힘들고 매번 스트레스였다. 내가 부장 교사가 되고 제일 처음 한 일이 나에게 스트레스를 주는 게시판을 없애버리는 거였다.

게시판을 바라보고 있으면, 저걸 꾸며야 한다는 압박이 들었다. 그 압박감에 꾸며놓아도 예쁘지 않아 오히려 '내가 이 정도밖에 못하는 교사구나.'라는 자괴감도 들었다. 그래서 내가 유치원의 총 책임을 지게 된 권위를 이용하여 게시판을 없애고 싶은 학급은 다 떼어버렸다.

예쁘게 꾸며야만 할 것 같은 게시판을 없애고 가랜드처럼 긴 줄만 벽에 걸어놨다. 유아들이 자신의 작품을 교사의 도움 없이도 자유롭게 전시할 수 있도록 하였다.

이렇게 하니, 나를 압박하던 스트레스가 없어지고, 옆 반 선생님과 비교가 되지 않으니 참 좋았다.

선생님들과 상담을 하다 보면 노력해도 잘 안 되는 것에 부담을 느끼며 힘들어하는 경우를 많이 본다. 모든 것을 잘해만 한다는 부담감을 가지며 '나는 왜 못하는 걸까', '나는 왜 잘 되지 않을까?' 부정적인 생각으로 교수 효능감이 낮아지는 것을 많이 보았다.

나는 선생님들에게 "내가 못하는 것을 보지 말고, 내가 잘하는 것을 보세요!"라고 조언해드린다. 누구나 잘 못하는 것이 있다. 잘 못하는 것을 잘하도록 노력하는 것도 의미가 있다. 하지만 내가 잘하는 것을 더 잘하는 것으로 만드는 노력이 더 중요하다. 내가 잘하는 것이 있으면 나의 부족한 면도 커버가 되기 때문이다.

내가 잘 못하는 것을 하다 보면 실수를 하게 될 확률이 높다. 내가 잘 못하는 것을 스스로 알고 있으니 긴장하게 되고, 실수가 일어난다. 그러면 또다시 그 활동이 하기 싫어지는 것은 당연하다.

나는 노력해도 잘 안 되는 것이 있다는 것을 인정한다. 학급에서 유아들을 지도할 때도 나는 이 부분을 인정하며 지도한다.

유아들을 지도하다 보면 완벽주의 성격인데 손이 야무지지 않은 유아가 있다. 욕심은 많고 잘하고 싶은데, 손재주가 없어 또는 능력이 되지 않아 힘들어하는 유아들을 본다. 교사가 비교하지 않아도 스스로 친구와 비교하며 울어버리거나, 못 하겠다며 화를 내기도 한다.

나는 이렇게 유아들이 울어버리거나 화를 내면, 그 유아의 장점을 칭찬하며 다독인다. 그리고 그 유아가 할 수 있는 범위를 찾아 지원하려고 노력한다.

"우리 U는 달리기를 정말 잘하는데, 그림은 잘 안 될 수도 있지 뭐. 그래도 노력을 하려고 하는 모습이 멋있네. 잘 안 되면 속이 상하긴 해. 눈물도 나지. 화도 나… 선생님이 어디까지 도와줄까? 선생님이 테두리 색칠을 해줄 테니 이쪽 부분만 색칠해볼래?" 하며 유아를 진정시키고 잘하지 못해도 괜찮다는 인식을 심어준다. 내가 잘하지 못하지만 잘하는 것이 있음을 상기시켜주면 유아들은 피식 웃으며 안정을 찾는다.

나는 학기 초 우리 모두 다 잘하는 것이 있고, 못하는 것이 있을 수 있다고 받아들일 수 있도록 이야기를 나눈다. 잘 안 되는 것은 선생님과 친구들이 도와주며 조금씩 잘하게 될 거라고 희망을 이야기한다. 선생님도 못하는 것이 있고, 잘하는 것이 있다는 것을 말해준다. 그리고 우리가 서로 잘하는 것을 친구들에게 어린이 선생님이 되어 도와주자고 제안한다.

우리 반 유아들은 가끔 나에게 와서 "선생님, 그림 실력이 좀 늘었어요?"라고 물으며 장난을 친다. "선생님은 세상에서 그림 그리는 게 제일 어려운데, 그래도 해보니 조금씩은 나아지긴 해. 선생님이 사람을 그려볼게. 어때 6살 동생들이 그린 것처럼은 보이니? 예전에는 5살 동생처럼 그렸다니깐~" 하고 웃으면 따라 웃는다. 나 대신 우리 반 그림을 잘 그리는 친구들은 어린이 미술 선생님이 되어 친구들의 활동을 돕는다.

나는 유치원에서 실습을 희망하는 학생들이 전화를 걸어오면 실습 지도를 해주려고 노력한다. 작년에는 학기 초를 제외하고는 거의 매달 실습생을 지도했다. 동료 선생님들은 인센티브도 없고 실습생 신경 쓰려면 여러모로 힘든데, 왜 받느냐고, 힘들지 않느냐고 말씀하신다. 하지만 나는 여러 선생님들과 상담하며 실습 기간이 교직의 시작에서 제일 중요한 출발점이라는 생각이 들었다.

내가 유아교육 현장의 변화에 조금이라도 힘을 보탤 수 있는 방법이 실습 지도라는 생각이 들어, 일종의 재능기부라 생각하며 실습생을 열심히 지도한다. 그리고 나는 나의 있는 모습 그대로, 우리 반 아이들의 있는 모습 그대로를 보여주기 때문에 실습 지도가 힘들지 않다.

우리 반에서 실습을 마치고 가는 학생들의 소감을 들어보면 참 재미있다. 처음에는 나와 유아들의 활동을 보고 '뭐 이거 너무 쉽네! 선생님 별일 안 하시는 것 같은데?'라는 생각이 든단다.

나는 유아들에게 무엇을 해야 한다 요구하지도 않고, 무엇을 만들려고 하지 않는다. 유아들의 생각을 묻고, 유아들이 생각한 것을 교실에서 자유롭게 할 수 있게 자료를 주고, 대화를 이끌고 도움을 줄 뿐이다. 뭐가 크게 꾸며 있지도 않은데 유아들은 편안하게 각자 재미있게 잘 놀이한다. 뭔가 대단한 것이 있을 거라는 기대로 오는 학생들은 나의 모습이 참 쉽고 편하다고 느끼는 것이다.

하지만 본격적인 수업 컨설팅이 들어가면 많이들 놀란다. 수업을 진행할 때 유아들의 성향, 흥미, 요구, 교우관계, 유아 개인의 능력을 파악하여 유아 개개인에게 맞게 비계설정을 하고, 그에 맞게 지원하는 것이 얼마나 어려운지 배우며 만만하게 봤던 나를 존경하는 눈빛으로 바라본다.

나는 유치원에서 유아들도 행복하고 선생님도 행복해야 한다고 생각한다. 실수하면 어때! 유아들의 모습을 선생님들이 있는 그대로 받아들이듯이, 유아들도 선생님의 있는 모습 그대로를 받아들인다. 실수해도 함께 웃고 넘기고 다시 하면 된다.

잘 안 되는 것이 있으면 '이건 잘 안 되는구나! 우리 다른 걸 해볼까?' 하며 결론이 없더라도 실망할 필요가 없다. 우리 반 유아들은 이게 잘 안 되는구나, 나는 이게 잘 안 되는구나 라고 느끼고 다른 방법을 찾으면 된다.

유치원은 유아들에게만 끌려다녀야 하는 공간이 아니다. 학부모의 요구만을 받아들여야 하는 곳도 아니다. 선생님 혼자 이끌어가는 곳도 아니다. 우리가 함께 편안하게 즐겁게 머물며 서로를 이해하고 배려하는 태도를 배우는 곳이다. 우리의 교육활동은 함께 만들어가는 것이라는 인식으로 모두 다 행복한 곳이 되었으면 좋겠다.

선생님의 뒷모습을 따라 배우는 아이들

우리 반 유아들이 선생님 놀이를 하고 있다. 한참을 친구들끼리 키득키득 놀이하다 나와 눈이 마주친 것이 민망한지 막 웃는다. 내 흉내를 내는 것을 못 본 척하며 다른 친구들을 도와주는 것처럼 아이들의 놀이를 관찰했다. 어쩜 이렇게 목소리 톤과 억양이 똑같은지 나는 속으로 '애들이 참 무섭다.'라는 생각이 들었다.

유치원 선생님들 사이에서 '선생님의 성향에 따라 학급 분위기가 바뀐다.'라는 말이 있다. 교직 생활을 하면 할수록 이 말이 들어맞아 신기하다. 분명 같은 아이들이고, 새로 온 친구들이 별로 없는데 차분한 선생님께서 담임이 되시면 애들이 차분해진다. 또 이듬해에 활기찬 선생님께서 담임이 되시면 애들이 활기차다.

우리 반 유아들이 사용하는 말과 행동을 보면 나의 행동이 많이 녹아들어가 있는 것을 느낄 수 있다. 이런 느낌을 받을 때면 수업 기술 중 '모델링' 지도 방법이 제일 중요하다는 생각이 든다.

나는 유아교육과 학생들이 실습과 자원봉사를 하러 유치원에 오면 반드시 지도하는 것이 있다. 선생님들의 눈빛과 말투, 행동을 모두 신경 써야 하는 이유를 설명하고, 바른 태도를 갖출 것을 요구한다.

하루는 실습 선생님과 신나게 놀이하던 유아가 나에게 막 뛰어온다. "선생님, 큰일 났어요. 학생 선생님이 '미쳤다'라고 했어요." 하며 헐레벌떡 말한다. 무슨 일인가 들어보니 선생님과 놀이하고 있는데 선생님이 너무 신나 "와~ 이거 진짜 미쳤다."라고 표현한 것이다.

요즘 청소년과 20대 청년들 사이에서 '미쳤다'라는 말은 '정말 좋다. 재미있다. 대단하다. 최고다.'라는 말로 표현된다. 어린 학생 선생님 입에서 자연스럽게 흘러나온 은어일 뿐이었다. 하지만 우리 유아들은 선생님이 나쁜 말을 했다고 큰일이 났다며, 나쁜 선생님이라고 했다.

어린 학생 선생님이 유아들의 반응에 놀라 눈물을 글썽였다. 나는 "이번에 좋은 것을 하나 배우셨네요~"라고 위로해 드렸다.

유아들은 집에서 있었던 일도 그대로 이야기하는 경우가 많다. 엄마 아빠와 있었던 일들, 엄마 아빠의 대화 내용까지… 시시콜콜한 이야기를 다 한다. 물론 유치원에서 있었던 이야기를 집에서도 하겠지 싶다. 간혹 학부모 상담 때 학부모님과 이런저런 이야기를 나누다 보면 "우리 아이가 그런 얘기까지 해요?" 하며 부끄러워하시기도 한다.

그만큼 성인의 모습을 여과 없이 그대로 흡수하는 유아들을 지도하는 부모와 선생님들은 나의 모습이 곧 유아의 모습일 것이라고 생각하며 바른 행동과 태도를 유지해야 한다. 선생님의 평소 생각과 가치관, 생활 습관이 아이들에게 자연스럽게 흡수되고, 유아들의 행동으로 표현되는 것을 몸소 경험하고 있다.

나는 선생님은 유아들에게 가장 좋은 성인의 롤모델을 보여주어야 한다고 생각한다. 그래서 유아들 앞에서 나는 비아냥거리는 농담도 하지 않는다. 유아들에게 삐죽거리는 태도를 보이거나 다른 친구를 험담하는 모습도 보이지 않는다.

간혹 유아들과 친숙한 관계를 유지하고 싶은 마음에 친구에게 하듯 농담을 하는 선생님들이 계신다. 유아들도 까르륵 웃고, 선생님도 웃고 넘어간 이야기가 이상하게 돌고 돌아 민원이 들어오는 것을 가끔 경험한다.

5년 전에 우리 반 친구 중 초등학교 취학 유예를 하고 7세반으로 다시 유치원에 다니게 된 T라는 친구가 있었다. T는 또래보다 12개월 발달 지연을 받아 치료를 받고 있었다. 하지만 특수유아 등급을 받지 않았기에 T는 일반 유아로 우리 반에 들어오게 되었다.

그해 나는 25명의 유아와 T를 합친 26명을 지도했다. 그때 얼마나 힘들었는지 특수교육 지원의 중요성과 필요성을 뼈저리게 느끼게 되었다. 그 이후 나는 특수교육대학원에 들어가고 싶은 마음이 굴뚝같았지만 대학원을 다시 다닐 수 없기에 책으로 특수유아 지도 방법에 대해 공부 했었다.

나는 우리 반 유아들이 우리와 조금 다른 T라는 친구를 마음으로 받아주길 원했다. 하지만 아직 친구의 입장보다 나를 불편하게 하는 T를 이해하기 어려워했다. T가 하는 행동을 신기해하며 놀리듯 따라 하는 유아들이 있었다.

놀리는 친구를 보며 흥분을 가라앉히지 못하는 T는 공격적으로 행동했고, 교실은 어느새 난장판이 되었다.

유아들이 유치원에서 있었던 일을 집에 가서 이야기를 하니, 학부모님들도 불편한 기색이 역력했다. 우리는 다 같은 친구들이라는 것을 마음으로 이해하지만 당장 우리 아이를 때리고 불편하게 하는데 참을 수 있는 부모님은 많지 않았다.

나는 이런 상황을 어떻게 해야 할지… 정말 난처하고 난감하고, 사실
이 교실에서 도망가고 싶다는 생각이 들 만큼 학기 초에 힘이 들었다. 나
는 T를 위해 어떻게 수업을 이끌어야 할지 고민했고, 25명의 아이들에게
는 T를 어떻게 받아들이게 해야 할까 고민이 되었다.

그때 매일 아침 웃는 얼굴로 교실에 들어가기 위해 T와 25명의 아이들
을 놓고 기도를 많이 했다. 하나님께서 나에게 T를 보내신 이유를 알고,
내가 교사로서 어떤 역할을 해야 하는지 방법을 찾기 위해 노력했다.

나는 그 해답을 우리 유치원의 자원봉사자 할머니에게서 찾게 되었다.
할머니 눈에는 친구들 곁에서 외톨이로 겉도는 T가 안쓰러워 보였다. T
가 소리를 지를 때마다 귀를 막고 도망 다니는 친구들도 안쓰럽고, 힘이
들어 어쩔 줄 몰라 하는 선생님인 나도 안쓰러워 보였다.

자원봉사자 할머니 선생님은 매일 아침 T를 진심으로 안아주셨다. 그
리고 나의 어깨를 토닥이며 "내가 T를 데리고 있을 테니, 어서 다른 애들
지도해요~"라며 토닥여주셨다. 나는 그 모습에 힘을 내며 정신을 번쩍
차렸다.

"그래. 우리 T와 말이 통하지 않으면 마음으로 행동으로 표현해야겠구나!" 그렇게 마음을 먹으니, 힘들게만 느껴졌던 T가 나의 눈에도 사랑스러워 보였다.

T가 불을 껐다 켰다 반복하면 애들과 함께 "우와~ T가 지금 불빛 놀이 하나 보다~!"라며 상황을 긍정적으로 바라볼 수 있게 지도했다. T가 온 책상에 낙서를 해놓으면 "책상이 도화지가 되었네!"라고 받아들이며 T손을 잡고 함께 정리하는 방법을 지도했다.

나의 이런 노력이 T와 25명의 유아들의 마음에 전해졌다. 선생님이 T를 예쁘다 칭찬하고, 잘한다 칭찬하고, T의 행동을 긍정적으로 바라보니 우리 반 아이들도 그렇게 바라보기 시작했다. T가 교실을 뛰어다니면 같이 술래잡기를 해주고, T가 노래를 큰 목소리로 부르면 같이 따라 불러주는 아이들의 모습을 보았다. 나는 T의 불편한 행동을 자연스러운 과정으로 이해하고 불편하다 피하지 않고 함께 놀아주려는 우리 반 유아들의 모습을 보고 감동을 받았다.

나와 조금 다른 친구의 모습을 있는 그대로 받아주는 유아들의 모습을 보며 교사의 역할이 얼마나 중요한지 느끼게 되었다. 교사로서 내가 아이들을 어떤 눈으로 바라보며 지도해야 하는지 큰 경험을 할 수 있었던 해였다.

그 이후 나는 아이들에게 훈육 대신 긍정의 메시지를 전하려고 노력한
다. 나의 뒷모습을 보고 배우는 아이들을 위해 내 마음에 모난 부분이 혹
시라도 불쑥 튀어나와 아이들에게 상처가 되지 않도록 나의 몸과 마음과
행동을 다잡는다.

04

교사가 먼저 웃으면 달라지는 것들

우리 반 급훈은 '행복한 웃음소리가 울려 퍼지는 반'이다. 나는 유아들과 매일 웃음으로 하루를 시작한다. 시무룩하게 있는 유아들에게는 간지럼을 태우며 억지웃음이라도 짓게 한다. 유아들은 "아이참! 선생님 자꾸 왜 그래요~" 하지만 싫어하지는 않는다.

또 우리 반은 매일 아침 웃으며 나눠야 하는 인사 미션이 있다. 매주 금요일 집으로 돌아가기 전에 다음 주 인사 미션을 정한다. 한 주는 하이파이브가 되기도 하고, 또 한 주는 화살 손인사가 되기도 한다. 아이들은 친구들과 하이파이브를 하고 화살 손인사 등 친구들과 함께 만든 인사를 하며 반드시 웃어야 한다.

이런 약속을 만들게 된 이유는 유아들도 친한 친구하고만 놀이를 하고 인사하기 때문이다. 서로 몇 달을 함께 보내도 관심이 없는 친구는 이름조차 기억하지 못하는 경우도 있다. 나와 성향이 맞지 않은 친구들에게도 마음을 열고 다가가게 하기 위한 아침 인사 미션은 아이들을 더 가깝게 만들었다. 어색하더라도 서로를 바라보고 웃으면 마음이 열리고 친근하게 느껴진다.

우리 반에 참 잘 웃는 S라는 여자 친구가 있다. 나는 S를 6세, 7세 2년 동안 지도했다. 6세 때 처음 만났을 때 S는 탐색 기간이 유독 길었다. 유치원에 등원해 가방을 정리하고 나면 사물함 앞에 앉는다. 사물함 앞에서 10분이고 20분이고 한참 앉아 있다가 기분이 어느 정도 풀리면 놀이를 시작했다.

나 역시 처음에 S를 언제까지 앉아 있게 해야 할지 고민이 되었지만 우선 두고 봤다. 나는 S 옆에 가서 "놀이를 이제 시작할까?"라는 말을 하지 않았다. 친구들이 왜 S는 안 놀고 앉아 있냐고 물으면 "놀이하기 전에 생각하고 싶은 것이 있는 것 같아~ 우리 좀 기다려줄까?" 말하고 S를 쳐다보며 씨익~ 웃어주기만 했다. 내가 웃어주니 친구들도 S 앞에 가서 한 번씩 씨익~ 웃어주고 놀이를 시작했다.

이렇게 한두 달 지나자, S가 친구들에게 먼저 다가가 웃기 시작했다. S

는 선생님과 친구들이 자신에게 억지로 무엇을 하자고 요구하지 않고 편안하게 기다려주는 모습을 좋아했다. 그 후 S는 우리 반에서 제일 웃음이 예쁜 친구가 되어 있었다. 친구들에게 말도 상냥하게 하고, 맞장구를 얼마나 잘 쳐주는지 7세 때는 우리 반의 최고 인기 있는 친구가 되었다.

사실 S는 어머님이 많이 편찮으셨다. 갑작스럽게 찾아온 병마와 싸우느라 병원에 입원해 계셨고 아버지와 이모의 보살핌으로 지내게 되었다. 병상에 계신 어머님은 어린 S의 걱정을 많이 하셨지만 S는 그 누구보다도 씩씩하고 건강하게 유치원에서 보냈다.

S의 어머님께서 병원 퇴원하시는 날, 불편한 몸으로 나에게 인사를 오셨다. S는 선생님이 웃어주고 따뜻하게 안아주는 것을 가장 좋아한다고 전해주셨다. 그리고 나의 말투를 집에서 흉내 내며 선생님처럼 될 거라고 했다는 말을 전해주셨다. 나는 이 말을 들으며 눈시울이 붉어지는 걸 참느라 혼났다.

나는 S가 힘든 상황을 잘 이겨내며 씩씩하게 자라길 바라는 마음으로 환하게 웃어주며 안아주었는데 나의 마음이 온전히 전해졌구나 싶어 감사하고 행복했다.

나는 동료들과 함께 일하는 교직원 모두에게 항상 웃으려고 노력한다. 이 작은 유치원에서 바쁘다고 얼굴 한 번 쳐다보지 않고 옆으로 스치듯 지나간다면 얼마나 슬프고 정이 없을까.

나는 동료 선생님들이 일하다 실수를 해도 웃는다. 누구든지 실수를 하기 때문이다. 실수해서 긴장해 있는 동료에게 화를 내면 무엇이 달라질까? 하는 생각이 든다. 솔직히 화가 나지 않는다. 실수하면 빨리 같이 해서 고치면 되지 화낼 이유가 무엇인가 싶다.

내가 이런 말을 하면 "선생님, 그렇게 하면 선생님 일만 많아져요."라고 걱정하시며 조언해주시는 분들도 있다. 그러면 나는 속으로 이렇게 말한다. '그까짓 일 화를 내면 적어질까? 내가 빨리 해버리는 게 더 낫겠지.'라며 속 편하게 생각한다.

그런데 실제로는 내가 화를 내지 않는다고 해서 나에게 없던 일이 더 많이 생기진 않았다. 오히려 나에게 미안해하며 더 열심히 일한 동료들을 만났다. 그리고 내가 정말 바쁠 때 나의 사정을 봐주고 함께 도와주려는 동료들을 얻었다.

내가 이렇게 다른 사람의 일도 편안하게 웃으며 넘길 수 있는 건 신규 때 나를 지도해주시며 나의 실수를 웃으며 넘겨주셨던 부장 선생님이 계셨기 때문이다. 실수했을 때 혼이 났더라면 부끄럽고 민망해서 내 성격으로는 많이 위축되었을 것 같다.

부장 선생님은 나의 실수에도 '그럴 수 있어. 너무 열심히 해서 그런 거지. 너무 열심히 하지 말고 같이 속도 맞춰서 해보자고~' 하며 웃으며 나의 실수를 덮어주셨다.

나의 실수를 다독여주시고 품어주셨던 부장님 덕에 나는 자신감을 잃지 않고 열심히 일하고자 마음먹었다. 또 내가 선배가 되고 부장이 된다면 나 역시 내가 받은 배려를 베풀자고 생각했다.

몇 년 전의 일이다. 우리 반 할머니 한 분이 엄청 유명하셨다. 유치원에 손자를 등원시키는데 의상이 엄청나다. 트로트 가수처럼 컬러풀한 머리색을 하고 예쁘게 입고 향수를 온몸에 뿌리고 손주를 맞이하러 오셨다. 심상치 않아 보이는 할머니는 이혼한 딸과 손주 둘을 키우며 지내셨다. 내가 부임하기 전에 들은 이야기로는 술을 드시고 유치원에 가끔 오셔서 이런저런 소란이 일어나기도 했다는 이야기를 들으니 나는 더 긴장이 되었다.

하루는 할머님이 유치원에서 오셔서 나를 찾으셨다. 담임 선생님인 나를 급하게 찾아 뛰어나가니 아니나 다를까 술을 드시고 오셨다. 이를 어쩌나… 사전에 선생님들에게 들은 이야기도 있고 걱정이 앞섰다.

우리 반 아이가 할머니께서 술을 드시고 오신 것을 보면 창피하고 속상할까 싶어 할머니를 모시고 유치원 놀이터 쉼터로 갔다. 할머니는 술김에 유치원에 대한 불만과 속상함을 말씀하시기 시작하셨다.

나는 할머님의 말씀에 계속 웃으며 "그러셨군요, 그러실 수 있죠~ 제가 더 열심히 지도할게요." 말씀드렸다. 할머니는 나의 웃음에 마음 문을 여셨다. 한 시간 넘게 대화를 나눈 후 할머니는 나의 손을 꼭 잡더니 술을 드시고 유치원에 오신 것을 정중하게 사과하셨다. 나에게 정중하게 사과하시는 할머니의 모습 속에 '할머니가 웃으며 정답게 이야기할 수 있는 상대가 그동안 없었구나!'라는 느낌이 들었다.

그 이후 손주가 졸업하는 날까지 할머니는 유치원에 오실 때 깔끔하게 옷을 차려입고 오셨다. 그리고 졸업식 날 나를 꼭 안아주시며 고마웠다는 말씀을 전해주셨다.

상대방에게 전하는 웃음은 그 사람의 마음을 열게 한다. 아이들의 마음도, 동료 교사의 마음도, 학부모의 마음도 열게 할 수 있는 만능키이다. 먼저 웃으며 다가가는 마음은 나와 함께 한 공간에 살아가는 사람들을 함께 성장시킬 수 있다.

내가 상대방에게 총을 겨누면 상대방도 나에게 총을 겨누고, 어떨 때 총보다 더 큰 대포를 겨누기도 한다. 내가 상대방에게 꽃을 주면 나에게 꽃을 건네주고, 꽃다발을 보내주기도 한다. 내가 먼저 웃음으로 다가가면 나에게는 더 큰 축복된 일들이 생긴다.

함께 웃으며 성장하는 아이들은 유치원에 오는 발걸음이 신나게 바뀐다. 씩씩하고 신나게 유치원 생활을 하는 자녀를 보며 학부모님의 생각이 변한다.

나와 함께 일하는 동료들의 웃음소리 덕분에 유치원에서 함께 일하는 시간이 즐겁다. 나에게 힘들고 어려운 일이 생겼을 때 나를 도와주는 든든한 지원군이 생긴다. 내가 책을 쓰는 동안 우리 선생님들의 도움이 얼마나 큰지, 선생님들이 계시지 않았다면 나는 지금처럼 마음 편히 집필을 할 수 없었을 것이다.

정답

가장 아름다운 계절은
지금 이 계절

… (중략) …

가장 소중한 사람은
지금 내 앞에 있는 당신

−김토끼, 『쓰디쓴 오늘에, 휘핑크림』

지금 나에게 가장 소중한 사람은 지금 나와 함께 있는 사람들이다. 나와 함께 있는 사람들에게 먼저 웃어보자. 지금 나와 함께하는 이 순간이 가장 소중한 순간임을 느낄 수 있도록 웃으며 다가가보자. 나의 소중한 일상은 더 귀하게 빛날 것이고, 나에게는 점점 더 좋은 일들이 생겨날 것이다.

05

나는 행복한 유치원 교사입니다

내 나이가 40이 넘었는데 우리 반 유아들은 내가 예쁘단다. 유아들이 그려주는 그림 선물에는 나의 눈은 반짝반짝 빛나고 예쁘다. 머리도 길고, 다리도 길고, 예쁘게 웃고 있는 모습을 선물한다. 유아들과 함께 소통하며 웃으며 지낼 수 있어 행복하다. 가끔은 업무 없이 애들하고만 웃으면서 보냈으면 좋겠구나 싶다.

나는 처음부터 이 일을 좋아하고 사랑하지는 않았다. 부모님의 권유로 유아교육과를 갔고, 편입을 알아보던 중 선배 언니의 조언으로 임용고시를 공부했다. 다들 부러워하는 공립 유치원 교사가 되었어도 나는 기쁘지 않았다.

첫 발령 받았던 도서 벽지의 1학급에서 눈물로 보냈고, 쓰디쓴 사회생활의 현실을 제대로 맛봤다. 경력 2년 차에 임신을 하고 맞벌이를 하며 두 아이를 키운다는 것이 정말 어려웠다. 아침에 일어나면 두 아이를 씻겨 아침을 먹이고 차에 아이 둘을 태우고, 어린이집과 유치원에 등원을 시킨 후 출근을 했다.

나는 이른 아침부터 서두르며 두 아이를 챙기는 것이 너무 버거워 저녁에 아이들을 씻기면 등원룩을 입혀 재웠다. 아침에 양말만 신겨 두 아이를 들쳐 업고 차에 태웠다. 아침을 식탁에서 먹일 시간이 없어 늘 주먹밥을 만들어 차에서 먹였다. 두 아이는 편안한 아침 식사가 아닌 추운 자동차 뒷자리에서 도시락을 들고 억지로 아침밥을 먹고 어린이집과 유치원에 1등으로 등원했다.

두 아이를 어린이집과 유치원에 등원시킨 후 진이 다 빠진 상태로 출근을 했다. 나의 유치원의 하루가 그려지는가?

삶이 퍽퍽하고 힘들다 보니 그때 나는 우울증 경계 판정을 받았다. 심리 검사지에 쓰여 있던 '우울증 경계'라는 글자로 인한 충격은 지금도 잊을 수 없다.

'우울증'이라는 단어는 나 자신을 더 힘들게 했다. '아… 나는 지금 힘들구나. 내가 우울증이 심해질 수 있겠구나.'라는 생각에 더 속상하고 힘들었다.

교회에서 예배를 드리기 시작하면 눈물이 멈추질 않았다. 목사님 말씀에도 울고, 찬송가를 부르면서도 눈물이 쏟아져 참 힘들었다.

그때 나는 나 자신을 일으켜 세울 수 있는 힘이 필요했다. 계속 힘들어하고만 있기에는 나의 아이들이 불쌍했고, 내가 안쓰러웠다. 지친 삶에 질질 끌려가고 있었을 때 나는 조엘 오스틴의 『긍정의 힘』을 읽었다.

"인생은 될 대로 되는 것이 아니라, 생각대로 되는 것이다. 자신이 어떤 마음을 먹느냐에 따라 모든 것이 결정된다. 사람은 생각하는 대로 산다. 생각하지 않고 살아가면 살아가는 대로 생각한다."

나는 이 구절을 읽고 SNS의 닉네임을 '생각대로 사는 삶'이라고 바꿨다. 지금까지 나는 주어진 상황에 끌려다녔다. 아이들을 바쁘게 키웠고, 바쁘게 일하며 살아지는 대로 살았다. 목적이 없이 살다 보니 모든 것이 버겁게만 느껴졌었다.

나는 내가 원하는 삶이 무엇인지 고민하기 시작했다. 나의 삶에서, 나의 가정에서, 나의 직업에서 온전히 내가 원하는 삶이 무엇인지 고민하고 그 방법을 찾기 위해 노력했다. 나는 나에게 힘이 될 수 있는 책을 읽고 또 읽었다.

책을 읽다 보니 행복이라는 것이 그냥 오는 것이 아님을 알았다. 행복도 배워야 하고, 노력해야 얻을 수 있다는 것을 깨달았다. 나는 생각부터 부정에서 긍정으로 바꾸기 위해 노력했다. 내 입에서 나오는 말이 모두 긍정적인 말이 되도록 노력했다. 그리고 '나에게 주어진 일들이 나에게 다 좋은 일이야.'라고 생각하고 행동했다. 그랬더니 짜증이 멈추고 웃음이 나왔다.

처음에는 생각을 바꾼다는 것이 쉽지 않았다. 부정적인 생각에 익숙해져 있으니, 다른 사람의 단점부터 보였고, 부정적이고 힘든 상황부터 떠올랐다. 부정적인 생각이 떠오를 때 난 상황을 객관적으로 보기 위해 노트에 나의 생각을 적었다.

예를 들면, 오늘 학부모에게 민원 전화를 받았다. 이건 나의 잘못일까? 아닐까? 학부모에게 민원 전화를 받으면 기분이 나쁘고 짜증이 밀려온다. 그때 이렇게 적고 상황을 객관적으로 들여다보기를 연습했다. 그리고 그 민원이 나의 잘못이 아니라고 생각되면 잊어버렸다. 그리고 다시 좋은 생각을 적었다. '이런 학부모도 있구나. 학부모가 그렇게 생각할 수도 있지만 이건 나의 잘못이 아니다! 나는 잘하고 있는 교사다! 나는 현명하게 대처했다!'라고 적고 말하는 연습을 했다. 이렇게 눈으로 적고 말로 하니 한결 생각 정리가 쉽게 되었다.

그리고 나는 나에게 힘이 되는 말을 시각화하기 위해 메모지에 적어두었다. 그리고 나의 시선이 머무는 곳에 붙여놓았다. '나는 행복합니다.', '나는 건강합니다.', '나는 긍정적인 생각만 합니다.', '나는 기도합니다.', '나는 오늘도 기쁨을 나눕니다.', '나는 먼저 웃습니다.', '나는 경제적으로 풍요롭습니다.', '나는 시간 부자입니다.' 의식적으로 이루고 싶은 것들을 다 적었다.

그랬더니 어느 순간 내 안의 부정적인 감정이 올라오는 것이 멈추는 것을 느꼈다. 한결 편안한 감정이 내 안에 머무는 것을 느꼈다. 다른 사람이 나에게 안 좋은 이야기를 해도 '그래, 당신은 그렇게 생각하세요. 나는 괜찮습니다.'라고 반복하며 말했다. 그랬더니 화도 별로 나지 않게 되었다.

내가 이렇게 감정을 컨트롤하기 시작하면서 모든 생활이 편안해졌다. 우울증 증세는 어느새 나의 긍정의 에너지로 날려버렸다.

행복한 삶을 사는 사람들은 좋은 습관에 길들어져 있다. 특별한 행동을 하지 않아도 소소한 행복을 쌓아가기 위해 매일 반복적으로 행복할 수 있는 일들을 생각하고 행동한다. 그래서 행복한 사람은 더 많이 행복을 느끼며 산다.

나는 내 삶의 이야기를 쓰는 작가

나는 내 삶의 오케스트라를 이끄는 지휘자

나는 내 삶을 연출하는 감독

나는 내 삶을 새기고 다듬는 조각가

나는 내 삶을 노래를 만드는 작곡가

나는 내 삶을 설계하고 세우는 건축가

나는 내 삶을 꾸미는 디자이너

…

우리 모두는

자기의 삶을 작품으로 만드는 예술가

세상은 그 모든 삶의 작품을 보여 주는 전시장

– 장길섭, 『삶은 풀어야 할 문제가 아니라 경험해야 할 신비입니다』

지금 나의 삶을 생각하면 참 행복하다. 원하지 않았던 전공이었지만 그 안에서 나의 적성을 발견했다. 다른 사람과 함께 호흡하며 살아가는 것이 즐거운 나는 순수한 유아들과 호흡을 맞추며 살아간다. 나의 말을 잘 들어주고 따라와주는 유아들의 모습을 보면 유치원 선생님이 되길 정말 잘했다는 생각이 든다. 만약 자기 생각이 강한 초·중·고 선생님이었다면 나의 역량은 부족했을 것이다.

나는 주변 동료 선생님들과 함께 성장해나가는 것이 참 좋다. 학습 공동체를 통해 함께 나누며 소통하고 성장하는 과정이 참 행복하다. 선생님들의 이야기를 들으며 공감할 수 있어 행복하다. 서로 나누는 대화 속에 변화되어 가는 선생님들의 모습이 참 좋다.

　나는 작가로서의 삶을 살아가게 된 내가 참 좋다. 더 많은 삶을 나누고 더 많은 영향을 주고받을 수 있는 기회가 열린다는 것에 흥분된다. 그동안의 나의 삶을 함께 나누고 이야기할 수 있다니 더없이 귀한 일이다.

　나는 행복한 유치원 교사로 살아가고 있다. 내가 꿈꿨던 모든 일을 하고 이루며 살아가고 있다. 아마 나의 긍정적인 주문이 하늘에 닿은 것 같다. 우주의 모든 기운을 끌어모아 나의 삶은 매일 더 행복해진다.

06

선생님은 빛나는 보석 세공사입니다

첫째 아들 5살 때 지문 적성검사라는 것이 유행했었다. 지문 검사를 통해 사람의 적성을 알 수 있다고 했다. 자녀의 적성에 맞춰 적절하게 지원을 하면 누구나 좋은 대학을 보낼 수 있다고 했다.

아들이 다니던 유치원 원장님께서 추천해주시며 원장님도 하셨는데 정말 맞더란다. 그때 많은 엄마들이 원장님의 말씀을 듣고 신청했던 기억이 난다. 나는 하지 않았다. 그때 돈에 그 비용이 꽤 비싸다는 생각도 들었지만, 내 아들 성향을 아주 잘 안다고 생각하고 있었다. 그 검사를 받았던 주위의 엄마들에게 결과를 물어보니, 얼추 맞는 것 같다고 했다. 그래도 지문 적성검사로 5살 아이들의 진로가 결정된다니, 일러도 너무

이른다는 생각이 들었다.

자녀의 재능을 미리 알고, 그에 맞게 지원해서 성공의 길로 인도하고 싶은 부모의 마음을 이용하기 딱 좋은 검사였던 것 같다. 많은 부모가 혹해서 너도 나도 받는 것을 보면서 우리의 부모 마음이 다 똑같구나! 하는 생각이 들었다.

이 같은 적성검사를 하지 않아도 유아들의 놀이를 보면 유아들의 적성이 보인다.

리더의 역할을 좋아하는 유아가 있고, 리더를 보필하는 보좌관의 역할을 좋아하는 유아도 있다. 자신의 생각을 노래로 표현하는 것을 좋아하는 유아가 있고, 몸으로 더 잘 표현하는 유아도 있다. 논리적으로 또박또박 말하는 유아가 있고, 편지 쓰기를 좋아하는 유아가 있다. 나보다 친구의 입장을 배려하는 유아가 있고, 나를 더 드러내는 것을 좋아하는 유아도 있다. 창작동화책을 좋아하는 유아가 있고, 과학적인 지식 책을 좋아하는 유아가 있다. 밖에서 뛰며 놀이를 할 때 더 신나는 유아가 있고, 교실에서 그림 그리기나 만들기를 즐거워하는 유아가 있다. 무슨 활동이든 의욕적으로 시작하는 유아가 있고, 한참 관찰한 후에 천천히 시작하는 유아가 있다. 혼자 하는 과제에 재미를 느끼는 유아가 있으며, 친구와 같이할 때 승부욕이 생겨 참여하는 유아가 있다.

유아들의 놀이를 관찰하면 다양한 유아들의 특성이 파악된다. 나는 학기 초 유아들의 특성을 관찰하기 위해 가장 많은 시간을 할애한다. 유아들의 특성이 파악되면 그에 따라 상호 작용하며 놀이를 지원하고, 역량을 발휘할 수 있도록 노력한다.

실습 학생 선생님들이 오면 가장 먼저 지도하는 것이 유아들의 특성을 관찰하는 것이다. 학생 선생님들에게 매일 특정 유아들을 관찰하고 관찰 일지를 작성하게 한다. 유아들의 관찰이 끝난 후 유아들의 특성에 맞게 어떻게 지원할 것인지 계획하게 한다.

하루는 실습 학생 선생님이 나에게 질문을 했다.

"선생님, 지금 아이들이 아이스크림 가게 놀이를 하고 있잖아요. 그런데 참여하기 싫어하는 아이들도 있어요. 그럴 때는 어떻게 해야 해요?"

"지금 참여를 하지 않는 친구가 누구예요? 그 친구는 어떤 것을 좋아하죠?"

"J는 그림을 그리는 것을 좋아해요."

"그럼 J에게 아이스크림 놀이를 하자고 제안하려면 어떤 것을 부탁하면 좋을까요?"

"아! J에게 아이스크림 메뉴판을 그려달라고 할까요?"

"네~ 아이들이 잘하는 면을 칭찬하면서 부탁하면, 아이들의 놀이를 이끌 수 있어요."

"선생님, 그러면 S는 돌아다니는 것을 좋아하니까 아이스크림 배달 라이더가 되어달라고 부탁해볼까요?"

학생 선생님과 대화를 주고받으며 유아의 특성에 맞게 적절하게 놀이에 참여시키고 이끌 수 있는 방법을 지도해드렸다.

나는 학부모님들에게도 이와 같은 방법을 많이 알려드린다. 상담 때 학부모님들이 가장 많이 질문하는 것이 학습 태도 기르기와 교우관계 잘 맺게 하는 방법이다. 가정에서 한글 공부, 수학 공부를 시킬 때 아이들이 하기 싫어해서 자주 버럭 화가 난다고 말씀하신다. 자식 공부는 엄마가 지도하는 것이 아니라는 생각이 든다며 자녀와 관계만 나빠질 것 같다고 걱정하시는 부모님들이 꽤 계신다.

나는 학부모께 자녀의 특성부터 잘 파악해보자고 제시한다. 앉아 있는 것을 힘들어하는 유아에게 한글, 수 학습지에 나와 있듯이 30분씩 앉아 있게 하면 앉아 있을 수 있을까? 부모님에게는 30분이 금방 지나가지만 7세 유아들에게는 길고도 긴 시간이다.

나는 동적으로 움직이는 것을 좋아하는 유아의 경우 게임으로 유도하며 한글과 수에 흥미를 가질 수 있는 방법을 알려드린다. 자녀가 좋아하는 캐릭터와 학습을 연결하여 학습하는 방법을 알려드리면 좋아하신다.

교우관계도 마찬가지다. 나의 아이와 성향이 비슷한 친구와 관계를 맺을 수 있도록 도와줘야 한다. 한 아이는 춤추며 놀이하는 것을 좋아하고, 한 친구는 차분히 앉아서 놀이하는 것을 좋아하는 친구가 만나면 서로 재미있을까? 엄마들의 성향이 아닌, 자녀의 성향이 맞는 친구와 서로 관계를 맺을 수 있도록 도와야 한다.

간혹 학부모님 중 고정 관념과 편견으로 인해 자녀의 특성을 관찰하기 어려워하는 경우를 본다. 아이는 자꾸 엄마에게 행동으로 말로 신호를 보내는데 부모님은 알아차리지를 못한다. 부모님이 자녀의 특성을 알아차리기 어려운 이유는 자녀가 부모님의 뜻대로 행동하지 않기 때문이다. 부모님의 생각과 행동으로 자녀의 모습을 바라보기 때문에 자녀의 있는 그대로의 모습을 보기 어렵다.

나는 학부모 상담을 하며 자녀의 특성을 잘 모르겠다고 말씀하시는 학부모님들에게 2주 정도 아무것도 시키지 말고, 그냥 관찰만 해보라고 권한다. 아이에게 무엇을 먹어라, 무엇을 해라, 지시하지 마시고, 아이가 하는 행동을 기록하라고 한다. 그리고 어떤 말을 많이 하는지, 어떤 행동을 하는지, 무엇을 하고 노는지 지켜보면 지금보다 많은 것을 알게 될 거라고 말씀드린다.

유치원 선생님들은 비슷한 연령의 유아들을 많이 만난다. 매년 그 유아들이 특성을 관찰하며 분석하기 때문에 경력이 높아질수록 조금만 유아들을 지켜봐도 쉽게 그 특성을 파악할 수 있다. 유아들의 모습과 행동이 데칼코마니처럼 똑같을 수는 없다. 하지만 큰 틀에서 유아들의 비슷한 성향들을 이해할 수 있다.

사람들은 아름다운 보석을 보면 그 아름다움에 매료되어 감탄을 자아낸다. 원석은 보석으로 빛나기 위해 보석 세공사의 손을 거쳐 커팅되고 다듬어지는 연마 과정을 거친다. 보석 세공사들은 원석에 숨결을 불어넣는다. 보석 세공사의 손길에 보석들은 제각각 아름다운 이름을 갖는다. 아름다운 이름을 가진 보석들은 각자의 아름다움을 빛내며 전시된다. 그리고 그 보석이 아름답게 빛나는 순간들을 맞이한다.

우리 유치원 선생님들은 빛나는 보석 세공사이다. 선생님들은 원석처럼 잘 다듬으면 다이아몬드, 루비, 에메랄드, 사파이어처럼 아름답게 빛날 유아들을 지도한다. 선생님들은 우리 유아들의 마음을 대번에 알아차린다.

선생님들의 눈은 항상 유아들을 향해 있다. 유아마다 무엇을 좋아하는지 어떤 놀이를 좋아하는지 선생님은 눈에 그 모든 것을 담는다.

선생님의 귀는 항상 유아들에게 열려 있다. 유아들이 어떤 이야기에 즐겁게 웃는지, 어떤 이야기를 서로 주고받는지 선생님은 그 모든 이야기를 귀에 담는다.

선생님의 입에는 항상 미소가 담겨 있다. 유아들의 속상한 마음을 어루만져주고 공감해주며 따뜻한 미소를 보낸다. 유아들에게 자신감을 심어주기 위해 칭찬을 아끼지 않는다.

나는 원석 같은 아이들을 어루만지고 쓰다듬으며 반짝이는 보석으로 만드는 유치원 선생님들을 존경한다. 그 어떤 일보다 귀한 일이고, 그 누구도 쉽게 할 수 없는 일이다. 유아들을 사랑하는 그 마음으로 큰 사명감을 가지고 일하시는 열정적인 모든 선생님께 박수를 보낸다.

행복한 선생님이 행복한 아이를 만든다

하버드대학 교수 니컬러스 크리스태키스와 제임스 파울러가 쓴 『행복은 전염된다』는 인간관계의 네트워크와 커뮤니티의 중요성에 대해 설명한다. 저자는 인간의 감정에는 최대 3단계를 거친 인물까지 영향을 미친다고 했다.

즉, 내 친구가 나의 행복에 영향을 미치는 확률은 15%, 내 친구의 친구가 나의 행복에 미치는 확률은 10%, 내 친구의 친구, 그 친구의 친구가 나의 행복에 미치는 확률은 6%라고 말했다.

나는 이 책을 읽으면서 유아들의 감정, 학부모님들의 감정, 나의 동료들의 감정이 나에게 얼마나 큰 영향을 미치는지 생각해보았다. 또 한편으로 나의 감정이 유아들에게, 또 학부모님들에게, 나의 동료들에게 얼마나 많은 영향을 주는지 생각하게 되었다.

특히 유아들은 성인에게 의존하며 살아가는 미성숙한 단계에 있어 그 영향이 성인의 연구 결과보다 더 클 것이다.

나는 혁신 유치원 연수에서 민주적인 유치원 환경과 학급 운영의 중요성에 대해 강의를 했었다. 선생님들은 민주적인 유치원 환경의 중요성에 대해 논의하며 민주적인 유치원의 분위기가 각 학급에 많은 영향을 미치는 것에 대해 동의하였다. 민주적인 유치원 운영과 학급 운영을 위해서는 선생님들이 존중받는 환경의 중요성이 강조됐다. 선생님들의 의견이 받아들여지는 회의 문화와 원활한 소통이 선생님들의 소속감과 행복감에 큰 영향을 준다고 느끼고 있었다.

선생님들은 학급 운영에 있어서 선생님의 행복한 감정이 유아들의 행동에 많은 영향을 준다는 것을 경험으로 느끼고 있었다. 선생님들은 유아들의 민주적인 학급 분위기 조성을 위해 따뜻한 등원 맞이의 중요성에 대해 강조하였다. 유아들과 따뜻하게 눈을 마주치며 시작하는 하루, 스킨십으로 마음을 전하는 하루의 시작의 중요성을 느끼고 있었다.

영국의 아동심리 전문의 도날드 위니캇(Donald W. Winnicott)은 스킨십을 통한 감정 교류의 중요성에 대해 강조했다. 도날드 위니캇은 비행을 저지르거나 정신적·성격적 문제가 있는 사람은 과거에 심각한 '애정 박탈 체험' 또는 '애착 대상이자 애정을 가지고 돌봐주는 존재를 빼앗긴 체험'을 한 경우가 많을 것이라 했다. 위 연구에서 위니캇은 안아주는 환경의 중요성에 대해 강조하며 문제 행동의 단호한 훈육과 별개로 안아주는 스킨십, 사랑을 표현하는 행동의 중요성에 대해 설명했다.

매일 아침, 유치원에 시무룩한 표정을 지으며 등원하는 유아가 있었다. 유치원에 들어오면 매일 "머리가 아파요. 속이 미식거리고 멀미를 할 것 같아요."라고 말한다. 그 유아를 안아주며 "오늘도 너를 사랑해. 선생님과 즐겁게 보내자. 친구들과 즐겁게 보내면 아픈 곳이 싹 나을 거야~" 말하며 쓰다듬으면 "이제 안 아파요~" 하며 금방 아픈 곳이 괜찮아진 것 같다고 했다.

처음에는 이 친구가 아프다고 하는 행동이 진짜일까? 관심을 끌려고 하는 걸까? 신경이 쓰였다. 그런데 결론은 아픈 것의 사실 여부를 떠나 선생님의 관심과 사랑이 지금 간절하게 필요하다는 결론을 내렸다.

한 학기를 매일 안아주고 쓰다듬어주니, 유아의 표정이 바뀌었다. 친구들에게 짜증 내던 모습도 줄어들고, 친구들 사이에서 웃음꽃이 핀다. 힘들어도 매일 안아주고 사랑을 표현한 노력이 빛을 보는 것만 같았다.

나는 유치원의 환경을 따뜻하고 밝은 분위기로 만들기 위해 선생님이 먼저 행복한 사람이 되어야 한다고 생각한다. 스스로 사랑하고 아끼는 선생님의 행복 에너지는 유아들에게 그대로 전달될 것이다.

선생님들이 행복한 사람이 되기 위해서는 어떻게 해야 할까? 행복해지길 원하는 선생님은 주변에 행복한 사람을 만들어야 한다. 나의 주변에 행복한 사람이 누구인지 찾아보고, 그 사람들과 어울려 지내려고 노력해야 한다. 내가 주변 사람들로부터 행복한 감정을 느낄 수 있도록 그들을 적극적으로 찾아 나서야 한다. 내 안의 행복감이 충만해지도록 나의 시간과 에너지를 쏟아야 한다.

『행복도 배워야 합니다』의 저자 이시형 박사는 행복은 마음이 아니라 뇌에서부터 시작된다고 하였다. 뇌의 균형을 잡아주는 세라토닌 물질은 노력할수록 더 많이 활성화된다. 활성화된 세라토닌은 삶을 행복하게 영위할 수 있게 한다고 하였다. 책에서는 상황별로 다양한 세라토닌 처방전이 나온다. 책에 나온 세라토닌 처방전을 유아들을 지도할 때도 접목해보면 다음과 같다.

첫째, 작은 일에도 감동하는 선생님이 되어보자. 이시형 박사는 감동은 웃음보다 6배나 강한 힐링 효과가 있다고 했다. 우리는 유치원에서 일어나는 일들을 그냥 스치듯 무심히 지나갈 때가 있다. 이제부터는 유아들의 작은 행동들도 감동의 포인트로 활용해보자.

친구들끼리 서로 사이좋게 의견을 주고받는 모습을 보며 "우와~ 친구들에게 친절하게 말하는 모습이 정말 멋진걸~", "친구에게 아끼는 장난감을 빌려주다니, 함께 사용하는 모습이 너무 기특해.", "친구를 친절하게 도와주는 모습이 너무 자랑스러워.", "반찬을 골고루 먹기 위해 도전하는 모습이 대단해."라고 말하며 긍정의 메시지를 전달하자.

선생님의 긍정적인 메시지는 선생님 자신에게도, 유아들에게도 작은 감동을 배워나갈 수 있는 태도를 가지게 해줄 것이다.

둘째, 유아들의 행동에 의미를 부여하는 선생님이 되어보자. 우리는 유아들의 놀이과정 속에서 배움이 일어나는 순간들을 포착하게 될 것이다. 유아들의 행동에 긍정적인 의미를 부여하며 하찮은 행동이 아닌 배움이 일어나는 순간임을 일깨워주자. 나는 유아들의 행동에 따른 의미를 부하며 배움의 순간을 말로 표현해주려고 노력한다.

줄넘기를 못 하던 유아가 줄넘기에 도전하면 옆에서 숫자를 세어주며 "오~ 드디어 하나 넘었어! 잘했어. 조금 더 연습하면 두 개도 할 수 있을 거야!"라고 노력한 과정에 대해 긍정적으로 피드백해준다. 그러면 "선생님~ 제가 노력하니까 그럼 두 개도 넘을 수 있겠죠?"라고 자신의 행동에 의미를 부여하며 노력하는 태도를 보인다.

또 자신이 앉았던 의자를 정리하고 다른 자리로 이동하는 모습을 보고 "친구가 지나가기 편하도록 의자를 잘 정리해주었구나."라고 의미를 부여해주면, 유아들은 '이런 행동이 다른 사람을 배려하는 행동이구나.'라고 자연스럽게 인식하며 기본 생활 습관을 잘 지키려고 노력하는 태도를 보인다.

셋째, 몸을 움직이며 에너지를 발산하는 선생님이 되어보자. 사람은 신체를 움직여 에너지를 발산할 때 세라토닌 분비가 촉진된다. 유치원 교육활동은 유아들이 몸을 움직여 에너지를 발산하도록 신체활동의 중요성을 강조한다. 유아들이 바깥 놀이 시간을 즐거워하듯 나도 유아들과 놀이하며 산책하고, 함께 뛰면 행복지수가 올라가는 것을 느낀다. 유아들이 에너지를 발산하며 행복 세라토닌이 분비되도록 교육활동에 몸으로 놀이할 수 있는 시간을 여유 있게 계획하여 함께 몸으로 놀이하자.

넷째, 감사함을 표현하는 선생님이 되어보자. '감사하다'라는 표현은 언제나 들어도 고맙고 기분 좋은 말이다. 감사를 주고받으면 우리의 마음은 편안하고 행복감을 느끼게 된다.

나는 유아들에게 감사하다는 표현을 습관처럼 한다. "선생님에게 친절하게 말해줘서 고마워~ 감사해.", "선생님의 이야기를 잘 들어줘서 고마워, 감사해.", "앞에 서고 싶었지만, 잘 참고 뒤에 서줘서 고마워, 감사해.", "화가 날 때 친구를 때리고 싶었을 텐데, 잘 참고 말로 표현해줘서 고마워~ 감사해."라고 표현한다.

내가 감사하다는 표현을 자주 하면 선생님 "왜 자꾸 '감사해'라고 말해요?"라고 묻는 경우도 있다. 이때 "선생님은 너희가 멋지게 행동하는 모습이 너무 좋아서 감사해~"라고 말하면 입꼬리가 올라가며 쓰윽 웃는다.

행복한 선생님이 되기 위한 노력은 행복한 유아를 만든다. 유아들이 도전에 대한 실패의 두려움을 느낄 때, 뜻대로 되지 않아 좌절감을 느낄 때 선생님의 긍정적인 상호 작용은 유아에게 생각의 전환을 가져온다.

선생님의 긍정적인 반응은 실패에 대한 두려움을 새로운 배움의 기회로, 뜻대로 되지 않은 좌절감을 새로운 도전에 대한 희망으로 바꿀 수 있다.

행복은 전염이 된다. 행복한 긍정적인 분위기와 따뜻하게 안아주는 환경에서 전파된다. 행복은 노력하면 커진다. 나는 선생님들이 행복을 적극적으로 찾아 나서길 바란다. 행복을 찾아나가는 그 길에 내가 함께 있었으면 좋겠다.